板書で見る 理科

全単元・全時間の授業のすべて

小学校 3 年

鳴川哲也・寺本貴啓 編著

東洋館
出版社

まえがき

　平成29年３月に学習指導要領が告示されました。２年間の移行措置期間を経て、新小学校学習指導要領は令和２年度より全面実施されます。

　今回改訂された学習指導要領には、予測困難な社会の変化に主体的に関わり、感性を豊かに働かせながら、どのような未来を創っていくのか、どのように社会や人生をよりよいものにしていくのかという目的を自ら考え、自らの可能性を発揮し、よりよい社会や幸福な人生の創り手となる力を身に付けられるようにすることが重要であるという考えが根底に流れています。そのために、これまで育成を目指してきた「生きる力」をより具体化し、育成を目指す資質・能力が三つの柱で整理されました。このような趣旨を踏まえ、小学校理科は以下のような改善がされました。

■　目標の示し方が変わりました

　資質・能力が「知識及び技能」、「思考力、判断力、表現力等」、「学びに向かう力、人間性等」の三つの柱で整理されたことを受け、目標もこの三つで示されました。また、柱書部分には、どのような学習過程を通して資質・能力を育成するのかについても明確にされました。

■　「理科の見方・考え方」が示されました

　「見方・考え方」とは、各教科等の特質に応じた物事を捉える視点や考え方として定義されました。各内容において、子供が自然の事物・現象を捉えるための視点や考え方を軸とした授業改善の取組を活性化させ、理科における資質・能力の育成を目指すことになります。

■　資質・能力を育成する学びの過程が重視されました

　従来、小学校理科では、自然の事物・現象に対する気付き、問題の設定、予想や仮説の設定、検証計画の立案、観察、実験の実施、結果の処理、考察、結論の導出といった問題解決の過程を重視してきました。この問題解決の過程において、どのような資質・能力の育成を目指すのかが明確になりました。それが具体的に示された「問題解決の力」です。

　本書は、このような小学校理科における学習指導要領改訂の趣旨を十分理解し、先駆的に授業に取り入れて実践を積み重ねている全国の先生方が分担して執筆したものです。本書から、小学校理科で大切にすることがご理解いただけると思います。読者の皆様の教職経験のステージに合わせてご活用いただき、日々の授業改善を行っていただければ幸いです。理科好きの子供たちが増えることを願ってやみません。

　最後になりますが、本書の編集に当たりご尽力いただいた先生方、編集、執筆に当たりご助言くださいました東洋館出版社編集部の皆様に心より感謝申し上げます。

令和２年２月吉日

鳴川　哲也

本書活用のポイント―単元構想ページ―

　本書は、各学年の全単元・全時間について、単元全体の構想と各時間の板書のイメージを中心とした本時案を紹介しています。各単元の冒頭にある単元構想ページの活用のポイントは次のとおりです。

単元名

　単元の並び方は、平成29年告示の学習指導要領に記載されている順番で示しています。実際に授業を行う順番は、各学校のカリキュラム・マネジメントに基づいて工夫してください。

単元の目標

　単元の目標は、平成29年告示の学習指導要領から抜粋しています。各単元で身に付けさせたい資質・能力の全体像を押さえておきましょう。

評価規準

　ここでは、指導要録などの記録に残すための評価を取り上げています。本書では、記録に残すための評価は、①②のように色付きの丸数字で統一して示しています。本時案の評価で思①などと登場したときには、本ページの評価規準と併せて確認することで、より単元全体を意識した授業づくりができるようになります。

---

1 燃焼の仕組み　A (1)　（8時間扱い）

単元の目標

　空気の変化に着目して、物の燃え方を多面的に調べる活動を通して、燃焼の仕組みについての理解を図り、観察、実験などに関する技能を身に付けるとともに、主により妥当な考えをつくりだす力や主体的に問題解決しようとする態度を育成する。

評価規準

知識・技能	思考・判断・表現	主体的に学習に取り組む態度
① 植物体が燃えるときには、空気中の酸素が使われて二酸化炭素ができることを理解している。 ② 燃焼の仕組みについて、観察、実験などの目的に応じて、器具や機器などを選択し、正しく扱いながら調べ、それらの過程や得られた結果を適切に記録している。	① 燃焼の仕組みについて、問題を見いだし、予想や仮説を基に、解決の方法を発想し、表現するなどして問題解決している。 ② 燃焼の仕組みについて、観察、実験などを行い、物が燃えたときの空気の変化について、より妥当な考えをつくりだし、表現するなどして問題解決している。	① 燃焼の仕組みについての事物・現象に進んで関わり、粘り強く、他者と関わりながら問題解決しようとしている。 ② 燃焼の仕組みについて学んだことを学習や生活に生かそうとしている。

単元の概要

　第1次では、物が燃える現象を十分に観察し、その仕組みや燃やし続けるための方法について話し合う。その際、空気に着目して、物が燃える現象について疑問をもち、既習の内容や日常生活と関係付けながら、物を燃やし続けるための条件を考えることで、燃焼の仕組みについての自分の考えを深めることができるようにする。また、実験を通して、ろうそくが燃え続けるには、常に空気が入れかわる必要があることを捉えられるようにする。

　第2次では、空気を構成している気体に着目し、物を燃やす働きのある気体について実験を通して追究する。その結果を基に、酸素には物を燃やす働きがあることや、窒素や二酸化炭素には物を燃やす働きがないことを捉えられるようにする。なお、空気には、主に、窒素、酸素、二酸化炭素が含まれていることを捉えることができるようにする。

　第3次では、空気中の酸素や二酸化炭素の割合に着目して、燃える前と燃えた後の空気の変化について実験を通して追究する。その結果を基に、物が燃えるときには、空気中に含まれる酸素の一部が使われて、二酸化炭素ができることを捉えられるようにする。その際、石灰水や測定器具を用いて、「質的・実体的」な見方を働かせて物が燃えたときの空気の変化について捉え、図や絵、文を用いて表現することで、燃焼の仕組みについて自分の考えを深めたり、説明したりできるようにする。

燃焼の仕組み
022

単元の概要

　単元において、次ごとにどのような内容をおさえるべきなのか、どのような学習活動を行うのかという概要をまとめています。

指導のポイント

　ここでは、各単元の指導のポイントを示しています。

(1)**本単元で働かせる「見方・考え方」**
では、領域ごとに例示されている「見方」、学年ごとに例示されている「考え方」を踏まえて、本単元では主にどのような見方・考え方を働かせると、資質・能力を育成することができるのかということを解説しています。

(2)**本単元における「主体的・対話的で深い学び」**では、本単元の授業において、「主体的な学び」「対話的な学び」「深い学び」を実現するために、授業においておさえるべきポイントを示しています。

指導計画

　単元の目標や評価規準、指導のポイントなどを押さえた上で、授業をどのように展開していくのかの大枠をここで押さえます。それぞれの学習活動に対応する評価をその右側の欄に示しています。

　ここでは、「評価規準」で挙げた記録に残すための評価に加え、本時案では必ずしも記録には残さないけれど指導に生かすという評価も（　）付きで示しています。本時案での詳細かつ具体的な評価の記述と併せて確認することで、指導と評価の一体化を意識することが大切です。

本書活用のポイント―本時案ページ―

　単元の各時間の授業案は、板書のイメージを中心に、目標や評価、授業の流れなどを合わせて見開きで構成しています。各単元の本時案ページの活用のポイントは次のとおりです。

本時のねらい

　ここでは、単元構想ページとは異なり、各時間の内容により即したねらいを示しています。

本時の評価

　ここでは、各時間における評価について示しています。単元構想ページにある指導計画に示された評価と対応しています。各時間の内容に即した形で示していますので、具体的な評価のポイントを確認することができます。なお、以下の2種類に分類されます。

○ **思①などと示された評価**

　指導要録などの記録に残すための評価を表しています。

○ **（思①）などと示された評価**

　必ずしも記録に残さないけれど、指導に生かす評価を表しています。以降の指導に反映するための教師の見取りとして大切な視点です。

準備するもの

　ここでは、観察、実験に必要なもの、板書づくりに必要なものなどを箇条書きで示しています。なお、💿の付いているワークシートや掲示物は、本書付録のDVDにデータが収録されています。また、板書例に示されているイラストや図もDVDに収録されているので、ワークシートやプリントを作成する際にご活用ください。

第①時
ろうそくを燃やし続けるための条件について、問題を見いだし、予想や仮説をもつ

（本時のねらい）
・燃焼するための条件に目を向け、追究する問題を見いだし、予想や仮説をもつことができる。

（本時の評価）
・燃焼の仕組みについて問題を見いだし、予想や仮説を発想し、表現するなどしている。（思①）

（準備するもの）
・写真資料　　　・ろうそく
・集気瓶　　　　・集気瓶のふた
・燃焼さじ　　　・マッチ（ライター）
・燃えがら入れ　・濡れ雑巾

〈燃え方〉
・ろうそくがなくなるまで燃え続ける。
・ふたをすると、しばらくして消える。

〈条件〉
・集気びんに入っていない。
・集気びんの中にある。
・空気がたくさんある。
・ふたをして閉じこめている。

2
〈調べたいこと〉
・集気びんの中だとどうして消えるのか。
・どうすれば燃やし続けることができるのか。
・燃えるのには何が関係しているのか。

（授業の流れ）▷▷▷

1 集気瓶の中と外でろうそくの燃え方を比較して、気付いたことを交流する〈7分〉

・提示された集気瓶の中と外にあるろうそくの燃え方を見て、気付いたことを発表する。
・ろうそくが燃える様子を比較して、「燃え方」「条件」などに目を向けて考える。
「（集気瓶の中と外にある）2つのろうそくを比べて、どんなことに気付きますか」

2 調べてみたいことを話し合い、追究する学習問題をつくる〈8分〉

・2つのろうそくの火の観察から調べたいことを考え、発表する。
・調べたいことを整理し、全体で追究する問題を共有する。
「どのようなことを調べてみたいですか。気付いたことを基に考えてみましょう」

ろうそくを燃やし続けるための条件について、問題を見いだし、予想や仮説をもつ
024

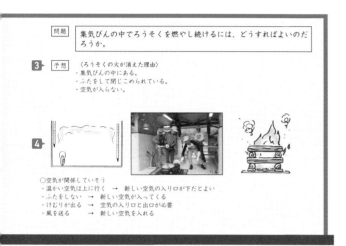

問題 集気びんの中でろうそくを燃やし続けるには、どうすればよいのだろうか。

3 予想 〈ろうそくの火が消えた理由〉
・集気びんの中にある。
・ふたをして閉じこめられている。
・空気が入らない。

4
○空気が関係していそう
・温かい空気は上に行く → 新しい空気の入り口が下だとよい
・ふたをしない → 新しい空気が入ってくる
・けむりが出る → 空気の入り口と出口が必要
・風を送る → 新しい空気を入れる

本時の板書例

　子供たちの学びを活性化させ、授業の成果を視覚的に確認するための板書例を示しています。学習活動に関する項立てだけでなく、子供の発言例なども示すことで、板書全体の構成をつかみやすくなっています。

　板書に示されている **1 2** などの色付きの数字は、「授業の流れ」の各展開と対応しています。どのタイミングで何を提示していくのかを確認し、板書を効果的に活用することを心掛けましょう。

　色付きの吹き出しは、板書をする際の留意点です。これによって、教師がどのようなねらいをもって、板書をしているかを読み取ることができます。留意点を参考にすることで、ねらいを明確にした板書をつくることができるようになります。

　これらの要素をしっかりと把握することで、授業展開と一体となった板書をつくり上げることができます。

---

3 ろうそくの火が消えた理由を話し合い、燃え続けるための条件について予想する〈15分〉

・既習の内容や生活経験を基に、集気瓶の中に入れたろうそくの火が消えた理由を考え、ノートに書く。
・燃え続けるときと燃え続けないときについて、「比較する」考え方を働かせる。
「集気瓶の中でろうそくの火が消えた理由を考えてみましょう」

4 燃え続けるための条件について交流し、次時の学習の見通しをもつ　〈15分〉

・一人一人が考えた理由を基に、ろうそくを燃やし続けるために必要な条件について話し合う。
・ろうそくを燃やし続けるために関係していることは「空気」であるという予想を共有する。
「ろうそくを燃やし続けるために必要な条件には『空気』が関係していそうですね。『空気』に着目して調べていきましょう」

第1時
025

授業の流れ

　1時間の授業をどのように展開していくのかについて示しています。

　各展開例について、主な学習活動とともに目安となる時間を示しています。導入に時間を割きすぎたり、主となる学習活動に時間を取れなかったりすることを避けるために、時間配分もしっかりと確認しておきましょう。

　各展開は、「　」：教師の発問や指示等、・：主な活動、＊：留意点等の3つの内容で構成されています。この展開例を参考に、各学級の実態に合わせてアレンジを加え、より効果的な授業展開を図ることが大切です。

1

第3学年における
授業づくりのポイント

資質・能力の育成を目指した
理科の授業づくり

　平成29年告示の小学校学習指導要領は、令和2年度から全面実施されます。この学習指導要領の
ポイントは、これまで育成を目指してきた「生きる力」をより具体化し、各教科等の目標及び内容を
「知識及び技能」、「思考力、判断力、表現力等」、「学びに向かう力、人間性等」の三つの柱で再整理
されたことです。まずは「小学校理科では、どのような資質・能力の育成を目指すの？」ということ
についての理解が重要です。

1　理科の目標

A　　自然に親しみ、理科の見方・考え方を働かせ、見通しをもって観察、実験を行うことなど
　　を通して、自然の事物・現象についての問題を科学的に解決するために必要な資質・能力を
　　次のとおり育成することを目指す。

B　(1) 自然の事物・現象についての理解を図り、観察、実験などに関する基本的な技能を身に
　　　付けるようにする。
　　(2) 観察、実験などを行い、問題解決の力を養う。
　　(3) 自然を愛する心情や主体的に問題解決しようとする態度を養う。

2　どのような学習過程を通して資質・能力を育成するの？

　目標のAの部分には、主にどのような学習の過程を通して資質・能力を育成するのかが示されてい
ます。この部分を柱書部分と呼びます。

(1)「自然に親しみ」とは
　単に自然に触れたり、慣れ親しんだりするということだけではありません。子供が関心や意欲を
もって対象と関わることにより、自ら問題を見いだし、それを追究していく活動を行うとともに、見
いだした問題を追究し、解決していく中で、新たな問題を見いだし、繰り返し自然の事物・現象に関
わっていくことも含まれています。

(2)「理科の見方・考え方を働かせ」とは
　理科においては、従来、「科学的な見方や考え方」を育成することを重要な目標として位置付け、
資質・能力を包括するものとして示してきました。しかし、今回の改訂では、資質・能力をより具体
的なものとして示し、「見方・考え方」は資質・能力を育成する過程で子供が働かせる「物事を捉え
る視点や考え方」として全教科等を通して整理されました。
　問題解決の過程において、自然の事物・現象をどのような視点で捉えるかという「見方」について
は、理科を構成する領域ごとの特徴から整理が行われました。自然の事物・現象を、「エネルギー」
を柱とする領域では、主として量的・関係的な視点で捉えることが、「粒子」を柱とする領域では、
主として質的・実体的な視点で捉えることが、「生命」を柱とする領域では、主として共通性・多様
性の視点で捉えることが、「地球」を柱とする領域では、主として時間的・空間的な視点で捉えるこ

とが、それぞれの領域における特徴的な視点として整理することができます。

ただし、これらの特徴的な視点はそれぞれ領域固有のものではなく、その強弱はあるものの、他の領域においても用いられる視点であることや、これら以外にも、理科だけでなく様々な場面で用いられる原因と結果をはじめとして、部分と全体、定性と定量などといった視点もあることに留意する必要があります。

また、問題解決の過程において、どのような考え方で思考していくかという「考え方」については、これまで理科で育成を目指してきた問題解決の能力を基に整理が行われました。子供が問題解決の過程の中で用いる、比較、関係付け、条件制御、多面的に考えることなどといった考え方を「考え方」として整理したのです。

「比較する」とは、複数の自然の事物・現象を対応させ、比べることです。比較には、同時に複数の自然の事物・現象を比べたり、ある自然の事物・現象の変化を時間的な前後の関係で比べたりすることなどがあります。「関係付ける」とは、自然の事物・現象を様々な視点から結び付けることです。「関係付け」には、変化とそれに関わる要因を結び付けたり、既習の内容や生活経験と結び付けたりすることなどがあります。「条件を制御する」とは、自然の事物・現象に影響を与えると考えられる要因について、どの要因が影響を与えるかを調べる際に、変化させる要因と変化させない要因を区別するということです。そして「多面的に考える」とは、自然の事物・現象を複数の側面から考えることです。

このように、新たに定義された「見方・考え方」への理解が求められます。「見方・考え方」は育成を目指す資質・能力そのものではなく、資質・能力を育成する過程で子供が働かせるものであるという理解がとても大切なのです。

⑶「見通しをもって観察、実験を行うことなどを通して」とは

「見通しをもつ」とは、子供が自然に親しむことによって見いだした問題に対して、予想や仮説をもち、それらを基にして観察、実験などの解決の方法を発想することです。また、「観察、実験を行うことなど」の「など」には、自然の事物・現象から問題を見いだす活動、観察、実験の結果を基に考察する活動、結論を導きだす活動が含まれます。つまり、子供が自然の事物・現象に親しむ中で、そこから問題を見いだし、予想や仮説を基に観察、実験などを行い、結果を整理し、その結果を基に結論を導きだすといった、一連の問題解決の活動を通して、自然の事物・現象についての問題を科学的に解決するために必要な資質・能力を育成することを目指しているのです。

3 どのような資質・能力を育成するの?

目標の B の部分には、育成を目指す資質・能力が示されています。⑴には「知識及び技能」が、⑵には「思考力、判断力、表現力等」が、⑶には「学びに向かう力、人間性等」が示されています。

⑴ 知識及び技能

⑴ 自然の事物・現象についての理解を図り、観察、実験などに関する基本的な技能を身に付けるようにする。

子供は、自ら自然の事物・現象に働きかけ、問題を解決していくことにより、自然の事物・現象の性質や規則性などを把握します。このような理解は、その段階での児童の発達や経験に依存したものですが、自然の事物・現象についての科学的な理解の一つと考えることができます。技能については、器具や機器などを目的に応じて工夫して扱うとともに、観察、実験の過程やそこから得られた結

果を適切に記録することが求められます。

⑵ 思考力、判断力、表現力等

⑵ 観察、実験などを行い、問題解決の力を養う。

　小学校理科では、学年を通して育成を目指す問題解決の力が示されています。第3学年では、主に差異点や共通点を基に、問題を見いだすといった問題解決の力を、第4学年では、主に既習の内容や生活経験を基に、根拠のある予想や仮説を発想するといった問題解決の力を、第5学年では、主に予想や仮説を基に、解決の方法を発想するといった問題解決の力を、そして、第6学年では、主により妥当な考えをつくりだすといった問題解決の力の育成を目指しています。

　これらの問題解決の力は、その学年で中心的に育成するものですが、実際の指導に当たっては、他の学年で掲げている問題解決の力の育成についても十分に配慮することや、内容区分や単元の特性によって扱い方が異なること、中学校における学習につなげていくことにも留意する必要があります。

⑶ 学びに向かう力、人間性等

⑶ 自然を愛する心情や主体的に問題解決しようとする態度を養う。

　植物の栽培や昆虫の飼育という活動や植物の結実の過程や動物の発生や成長について観察したり、調べたりするといった活動など通して、自然を愛する心情を育てることが大切です。さらに、自然環境と人間との共生の手立てを考えながら自然を見直すことや実験などを通して自然の秩序や規則性などに気付くことも、自然を愛する心情を育てることにつながります。

　主体的に問題解決しようとする態度については、意欲的に自然の事物・現象に関わろうとする態度、粘り強く問題解決しようとする態度、他者と関わりながら問題解決しようとする態度、学んだことを自然の事物・現象や日常生活に当てはめてみようとする態度などの育成を目指していくことが大切です。

4　主体的・対話的で深い学びの実現に向けた授業改善

　今回の学習指導要領では、単元など内容や時間のまとまりを見通して、その中で育む資質・能力の育成に向けて、子供の主体的・対話的で深い学びの実現を図るようにすることが求められています。

　「主体的・対話的で深い学び」は、必ずしも1単位時間の授業の中で全てが実現されるものではありません。子供や学校の実態、指導の内容に応じ、単元など内容や時間のまとまりの中で、「主体的な学び」、「対話的な学び」、「深い学び」の視点から授業改善を図ることが重要とされています。

　「主体的な学び」については、例えば、自然の事物・現象から問題を見いだし、見通しをもって観察、実験などを行っているか、観察、実験の結果を基に考察を行い、より妥当な考えをつくりだしているか、自らの学習活動を振り返って意味付けたり、得られた知識や技能を基に、次の問題を発見したり、新たな視点で自然の事物・現象を捉えようとしたりしているかなどの視点から、授業改善を図ることが考えられます。

　「対話的な学び」については、例えば、問題の設定や検証計画の立案、観察、実験の結果の処理、考察の場面などでは、あらかじめ個人で考え、その後、意見交換したり、根拠を基にして議論したりして、自分の考えをより妥当なものにする学習となっているかなどの視点から、授業改善を図ることが考えられます。

　「深い学び」については、例えば、「理科の見方・考え方」を働かせながら問題解決の過程を通して

学ぶことにより、理科で育成を目指す資質・能力を獲得するようになっているか、様々な知識がつながって、より科学的な概念を形成することに向かっているか、さらに、新たに獲得した資質・能力に基づいた「理科の見方・考え方」を、次の学習や日常生活などにおける問題発見・解決の場面で働かせているかなどの視点から、授業改善を図ることが考えられます。

5 学習評価について

⑴ 学習評価の基本的な考え方

学習評価は、学校における教育活動に関し、子供の学習状況を評価するものです。「子供にどのような力が身に付いたか」という学習の成果を的確に捉え、教師が指導の改善を図るとともに、子供自身が自らの学習を振り返って次の学習に向かうことができるようにするためにも、学習評価の在り方は重要です。

⑵ 学習評価の基本構造

平成29年改訂では、学習指導要領の目標及び内容が資質・能力の三つの柱で再整理されました。これを踏まえ、理科における観点別学習状況の評価の観点についても、「知識・技能」、「思考・判断・表現」、「主体的に学習に取り組む態度」の3観点に整理されました。

育成を目指す資質・能力の一つである、「学びに向かう力、人間性等」については、「主体的に学習に取り組む態度」として観点別評価を通じて見取ることができる部分と、観点別評価や評定にはなじまず、

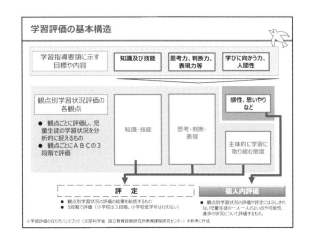

個人内評価を通じて見取る部分があります。理科では、「自然を愛する心情」などが個人内評価となることに留意が必要です。

⑶ 観点別評価を行う際の留意点

① 評価の頻度について

学習評価は、日々の授業の中で子供の学習状況を適宜把握して、教師の指導の改善や子供の学習改善に生かすことが重要です。授業を行う際に、重点的に子供の学習状況を見取る観点を明確にし、指導と評価の計画に示すことが大切です。しかし、毎回の授業で、子供全員の観点別学習状況の評価の記録をとり、総括の資料とするために蓄積していくことは現実的ではありません。単元などの内容や時間のまとまりごとに、それぞれの学習状況を把握できる段階で行うなど、その場面を精選しましょう。そのためには、評価の計画が大切になります。評価のための評価ではなく、子供たちの資質・能力を育成するための評価にすることが大切です。

② 「知識・技能」の評価について

「知識」については、自然の事物・現象についての知識を理解しているかどうかを評価しましょう。その際、学習したことを既習の内容や生活経験と結び付けて理解することで、他の学習や生活の場面でも活用できる概念的な理解につながります。

「技能」については、器具や機器などを目的に応じて工夫して扱うとともに、観察、実験の過程や

そこから得られた結果を適切に記録しているかどうかを評価しましょう。

③ 「思考・判断・表現」の評価について

「思考・判断・表現」については、各学年で主に育成を目指す問題解決の力が身に付いているかどうかを評価しましょう。その際、留意しなければならないのは、各学年で主に育成を目指す問題解決の力は、その学年で中心的に育成するものとして示してありますが、実際の指導に当たっては、他の学年で掲げている問題解決の力の育成についても十分に配慮する必要があるということです。

長期的な視野をもち、子供一人一人に、問題解決の力が育成されるよう指導と評価の一体を充実させましょう。

④ 「主体的に学習に取り組む態度」の評価について

これまでは「関心・意欲・態度」という観点だったのですが、新学習指導要領では「主体的に学習に取り組む態度」に変わりました。この観点では、「粘り強い取組を行おうとする側面」と「自らの学習を調整しようとする側面」という二つの側面を評価することが求められています。学習内容に関心をもつことのみならず、解決したい問題に対して、自分なりの考えをもち、粘り強く問題解決しようとすること、他者と関わり、自分の考えを振り返り、自分の考えを見直しながら問題解決しようとするなどといった態度を評価しましょう。

また、「理科を学ぶことの意義や有用性を認識しようとする側面」から、学んだことを学習や生活に生かそうとする態度を評価しましょう。

6 各学年における観点の趣旨

平成31年3月29日に、文部科学省初等中等教育局長より「小学校、中学校、高等学校及び特別支援学校等における児童生徒の学習評価及び指導要録の改善等について（通知）」が出されています。そこには、別紙4として、「各教科等・各学年等の評価の観点等及びその趣旨」が掲載されています。
http://www.mext.go.jp/component/b_menu/nc/__icsFiles/afieldfile/2019/04/09/1415196_4_1_2.pdf

評価規準を作成する場合、ここに示された観点の趣旨が大変重要になります。小学校理科は、学年ごとに示されていますが、要素だけを切り取ったものを以下に示しますので、参考にしてください。

【知識・技能】

第3学年	●●について理解しているとともに、器具や機器などを正しく扱いながら調べ、それらの過程や得られた結果を分かりやすく記録している。
第4学年	●●について理解しているとともに、器具や機器などを正しく扱いながら調べ、それらの過程や得られた結果を分かりやすく記録している。
第5学年	●●について理解しているとともに、観察、実験などの目的に応じて、器具や機器などを選択して、正しく扱いながら調べ、それらの過程や得られた結果を適切に記録している。
第6学年	●●について理解しているとともに、観察、実験などの目的に応じて、器具や機器などを選択して、正しく扱いながら調べ、それらの過程や得られた結果を適切に記録している。

【思考・判断・表現】

第3学年	●●について、観察、実験などを行い、主に差異点や共通点を基に、問題を見いだし、表現するなどして問題解決している。
第4学年	●●について、観察、実験などを行い、主に既習の内容や生活経験を基に、根拠のある予想や仮説を発想し、表現するなどして問題解決している。
第5学年	●●について、観察、実験などを行い、主に予想や仮説を基に、解決の方法を発想し、表現するなどして問題解決している。
第6学年	●●について、観察、実験などを行い、主にそれらの●●について、より妥当な考えをつくりだし、表現するなどして問題解決している。

【主体的に学習に取り組む態度】

第3学年	●●についての事物・現象に進んで関わり、他者と関わりながら問題解決しようとしているとともに、学んだことを学習や生活に生かそうとしている。
第4学年	●●についての事物・現象に進んで関わり、他者と関わりながら問題解決しようとしているとともに、学んだことを学習や生活に生かそうとしている。
第5学年	●●についての事物・現象に進んで関わり、粘り強く、他者と関わりながら問題解決しようとしているとともに、学んだことを学習や生活に生かそうとしている。
第6学年	●●についての事物・現象に進んで関わり、粘り強く、他者と関わりながら問題解決しようとしているとともに、学んだことを学習や生活に生かそうとしている。

7 各学年における授業づくりのポイントについて

　次頁からは、各学年の発達の段階や育成を目指す資質・能力などを踏まえ、授業づくりのポイントや板書のポイントを示します。

　また、新学習指導要領のキーワードの1つである「見方・考え方」についても具体的に示していますので、参考にしてください。

　なお、先生方が本書を柔軟に活用できるよう、各単元の総時数については、あえて標準時数よりも少なめに設定し、その中の全授業を板書で示しています。また、単元の並び方は、平成29年告示の学習指導要領に記載されている順番で示しています。実際に授業を行う順番は、各学校のカリキュラム・マネジメントに基づき、工夫しながら組み立てていくことを想定しています。

第3学年における授業のポイント

1 第3学年の理科の特徴

　第3学年の理科では、子供自身が自然事象に直接体験を行う時間を十分確保して、五感で感じたり、自然の不思議を感じたりすることを大切にしています。第3学年は、1～2年生の生活科から繋がり、初めて理科をしてスタートする学年になります。子供一人一人が自分の力で問題解決できるように、少しずつ問題解決の方法について丁寧に指導をしていく必要があります。

　高学年の理科では、「問題の見いだし」から「考察」まで、科学的に考え、表現していくことが求められる一方で、第3学年では、これまでの既習事項や生活経験が少ないために、例えば磁石はどのようなものにくっつくのだろうか、身の回りの植物はどのように育っていくのだろうかなど、体験を通して理解していく単元が多いことが特徴です。

　第3学年で特に大切にしていきたい点として、自然事象と関わり、「子供自身が問題を見いだしていく」という点です。これまでの授業では、「学級で」問題をつくっていくことが多かったと思います。しかしこれからは、学級で問題をつくる前に、まず子供一人一人が自然事象と関わった際に不思議に感じたことや気付いたことから、自分が追究したい問題をつくっていく時間を確保することが大切になります。本書においても、問題の見いだしをどのように行っていくかという点について、他の問題解決の過程よりも丁寧に示しています。

2 第3学年で育成を目指す資質・能力

(1) 知識及び技能

　第3学年では、物の性質、風とゴムの力の働き、光と音の性質、磁石の性質及び電気の回路、身の回りの生物、太陽と地面の様子について理解しているとともに、器具や機器などを正しく扱いながら調べ、それらの過程や得られた結果を分かりやすく記録することが求められます。

　例えば、「物と重さ」の単元においては、電子天秤を使って物の重さを測る際に、電子天秤を使う前のゼロリセットや、物の形を変える前後の重さを測る際に同じ条件になるように気を付けるなど、操作の意味を理解しながら、正しく操作できるようにすることが求められます。

(2) 思考力、判断力、表現力等

　第3学年では、問題解決の力として、主に「問題を見いだす力」の育成を目指します。

　「問題を見いだす力」とは、子供自身が自然事象に触れ、その体験や経験から自分自身で気付きや疑問をもち、これからの理科の時間で追究していく自らの問題を表現して明確にする力のことです。「問題の見いだし」は、授業では主に導入の場面（場合によっては、次の時間につなげるための授業の終末）が挙げられますが、最初から単に「問題を書きましょう」と子供に促しても、子供の力で問題を見いだすことは難しいでしょう。「問題を書きましょう」と声をかけて、実際に書けるようになるまでには、何時間かかけて段階的な子供への指導が必要です。

　子供自身に問題を見いださせるには、これまでの学習を十分に思い出させること、体験等から気付きや疑問を表現、整理し、問題を見いだしやすいように環境を整えることが必要です。

⑶ 学びに向かう力、人間性等

　第3学年では、学びに向かう力として、学習の対象となる自然の事物・現象に進んで関わり、粘り強く、他者と関わりながら問題解決しようとするとともに、学んだことを学習や生活に生かそうとする態度を育成します。同時に、人間性として、生命を尊重する態度も大切です。第3学年では、「身の回りの生物」など生命を柱とする内容の学習があります。そこでは、生き物を観察する際に、安易に植物を採取したり昆虫等の生き物を飼ったりするのではなく、最低限の採取、飼育で生き物の生態を可能な限り侵さないという意識をもって観察することなどによって、自然を愛する心情や生命を尊重する態度の育成につなげることができます。

3　問題解決の活動において、主に働かせたい「見方・考え方」

　「見方」については、他の学年同様、領域ごとに主に働かせる見方が示されています。一方の「考え方」は、その学年で育成を目指す「問題解決の力」に連動しています。第3学年の主に働かせる「考え方」は「比較」で、これは第3学年で主に育成する「問題解決の力」である「問題を見いだす力」に連動しているのです。このことは、学習指導要領では「○○の関係について追究する中で、差異点や共通点を基に、○○についての問題を見いだし、表現すること」と示されていることから分かります。

　「自分で問題解決できる力」を身に付けるためには、まずは、日常生活を過ごしていて自分で「何かに疑問を感じ、問題をもつ力」が大切になります。「比較」することで、初めて違いに気付き、どうしてそのような違いがあるのかということから問題が生まれます。しかしながら、最初から自分で問題に気付くということは非常に難しいため、自分で問題を見いだしやすくするために「比較」するよさに気付かせる必要があります。

　「比較する」といった考え方は、教師が指導内容として直接教えるものではありません。例えば、ある2つの物を比較して問題を見いだす場面の場合、最初から教師が「この2つを比べてみましょう」と言ってしまうと、子供が自ら働かせているというよりは、教師に言われているから比較しただけになってしまいます。教師が「比べてごらん」と言うのではなく、「この2つを見て何か気付いたことはあるかな」と言い、児童が問題を見いだせた時点で、「比べると問題が出やすい」ということを価値付けるという手順が必要です。

ここでは、第３学年における板書のポイントを示します。第３学年では、問題解決の力として、主に「問題を見いだす力」の育成を目指しています。毎時間、その力を育成するわけではありませんが、問題を見いだすまでの過程が見える板書が多くなるはずです。つまり、最初から教師が問題を示すのではなく、子供の思考の過程に伴って、板書を整理しながら示しています。

学習内容への入り口として、事象と直接関わったり、日常生活を思い出したりする

　子供主体の授業を実現するために、学級全ての子供が共通の体験をし、そこで気付きや疑問を出していきます。

　導入の場面では、学級全体の子供の意識や考えを揃えることが必要になります。そのため、板書では子供の気付きや疑問を視覚的に整理し、子供の意識を高めたり思考を整理したりします。

事象と直接関わった後に、個人の気付きや疑問を出し合い共有する

　最初から子供が問題を見いだすことは難しいでしょう。そのため、事象と直接関わった後に子供個人の気付きや疑問を学級として出し合い、この後に個人が問題を見いだすためのヒントとなるように示します。

個人で問題を考えた後に、学級としての問題を明確にする

　板書する「問題」は、あらかじめ導入の段階で子供一人一人が個人で考えた問題を出し合い、「学級の問題」として整理し、明確にしたものです。学級の問題は教師が与えるのではなく、子供自身から引き出されたものと言えます。そのため、板書の「問題」を書く前には、子供一人一人に、自分で考えた問題をノートに書かせておく必要があります。教師は、その単元で追究したい問題を意識しながら、子供たちが考える様々な「問題」を紡いで、板書をつくりながら、授業を展開させていきます。

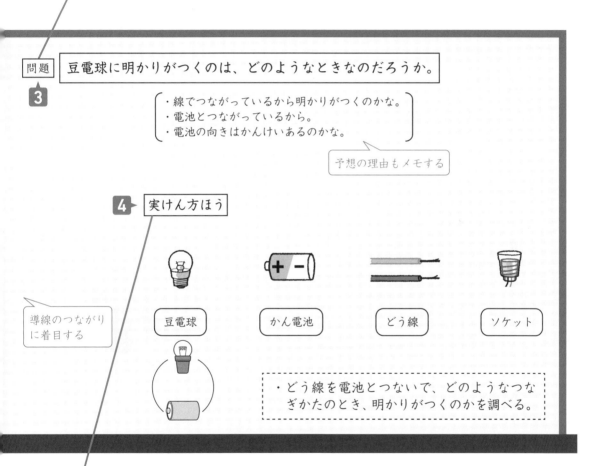

| 問題 |
| 3 |

豆電球に明かりがつくのは、どのようなときなのだろうか。

　・線でつながっているから明かりがつくのかな。
　・電池とつながっているから。
　・電池の向きはかんけいあるのかな。

予想の理由もメモする

| 4 | 実けん方ほう |

導線のつながりに着目する

豆電球　　　かん電池　　　どう線　　　ソケット

　・どう線を電池とつないで、どのようなつなぎかたのとき、明かりがつくのかを調べる。

予想、実験方法、結果（考察）を分けて整理する

　問題を板書した後は、予想を書いたり、直接実験方法に進んだりします。これらの表現の仕方は、単元や授業によって異なります。

　第3学年の板書は、特に導入の部分を丁寧に行い、問題の見いだしを大切にしますが、以降の学年で問題解決の過程に沿って授業を進めていくため、高学年の板書を見通して、「予想」「実験方法」「結果」「考察」という用語を段階的に使いながらまとめます。また、第3学年の段階では絵などを使って、視覚的に分かりやすくする配慮も求められます。

2

第 3 学年の授業展開

1 物と重さ A(1) （8時間扱い）

単元の目標

　物の形や体積に着目して、重さを比較しながら、物の性質を調べる活動を通して、それらについての理解を図り、観察、実験などに関する技能を身に付けるとともに、主に差異点や共通点を基に、問題を見いだす力や主体的に問題解決しようとする態度を育成する。

評価規準

知識・技能	思考・判断・表現	主体的に学習に取り組む態度
①物は、形が変わっても重さは変わらないことを理解している。 ②物は、体積が同じでも重さは違うことがあることを理解している。 ③物の性質について、器具や機器などを正しく扱いながら調べ、それらの過程や得られた結果を分かりやすく記録している。	①物の性質について差異点や共通点を基に、問題を見いだし、表現するなどして問題解決している。 ②物の性質について、観察、実験などを行い、得られた結果を基に考察し、表現するなどして問題解決している。	①物の性質についての事物・現象に進んで関わり、他者と関わりながら問題解決しようとしている。 ②物の性質について学んだことを学習や生活に生かそうとしている。

単元の概要

　第1次では、形や大きさの違う物を手に持ったり、簡易てんびんを使ったりなどして重さを比べることを通して、個人で共通点や差異点を基に疑問などを見つけてノートに書き、その後、話し合いを通して学級の問題を見いだす。ここでは、「物の形と重さの関係」「体積と重さの関係」について調べてみたいという次への問題を見いだすことを大切にする。ただし、他に出てきた問題も認め、自由に調べるように促す。

　第2次では、子供から出た「物の形と重さの関係」について問題解決に取り組む。ここでは、生活経験などをもとに根拠ある予想や仮説を発想する力も大切にする。まず、形を変えやすい粘土を、重さを比較するため数値化できる電子ばかりを使う。電子ばかりの正しい使い方も学習する。実験後のまとめのあと「粘土は形をかえても重さはかわらなかったけれど、『物』と言っていいの？」と教師が問いかけ、一般化につなげる。そして、物は形を変えても重さが変わらないが理解できるようにする。

　第3次では、第1次に出たもう1つの疑問「体積と重さの関係」についての問題解決をする。体積を同じにした違う材質のブロックの重さを測り、それぞれ物によって重さが違うことを見つける。ここでも、教師が「ブロックの結果だけで、『物』は体積が同じでも重さはかわると言っていいの？」と問うことで、主体的に児童が他の物でも調べるようにする。そして、学習したことを自分の生活と結び付けて考える時間も確保したい。

指導のポイント

⑴本単元で働かせる「見方・考え方」

　物の性質について、主に「質的・実体的」な見方を働かせ、物の形や体積と重さについて調べる活動を通して、「物の形が変わっても、物がそこからなくならない限り、重さは変わらない」ことや、「物の体積が同じでも物によって重さは違う」ことなどを捉えるようにする。

　また、第3学年で重視される「比較」という考え方を働かせ、物の形や体積と重さとの関係について問題を見いだすことができるようにする。

⑵本単元における「主体的・対話的で深い学び」

　「主体的な学び」として、様々な物の重さを比べる中で、自分自身で問題を見いだし予想したことを確かめていく。また、「対話的な学び」として、予想と理由をノートに書くことによって、自分の考えをはっきりもつことや、相互に考えを発表することで自らの考えをさらに深めたり、結果を納得するまで検討したりしていく。そして、物の形や体積と重さの学習において「主体的・対話的な学び」を繰り返すことで、新しい知識や概念がつくられ、「深い学び」につながっていく。

指導計画（全8時間）　詳細の指導計画は 🔘 01-01参照

次	時	主な学習活動	評価
1	1・2	○形や大きさの違う物の重さ比べをし、発見したことや疑問を出し合う中で問題を見いだす。	思①・態①
2	3	○物は形を変えると重さは変わるのかについて予想して考える。	思②
	4	**実験1** 粘土の形を変えて重さを測定し、比べる。	知③
	5	**実験2** 他の物の形を変えて重さを測定し、比べる。	知①・知③
3	6	○物の種類が違うと重さは違うのかについて予想して考える。	知③
		実験3 同じ体積のブロックの重さを測定し、比べる。	
	7・8	**実験4** 他の物で同じ体積の物の重さを測定し、比べる。	知②・態②
		○生活の中の現象（ドレッシング）を学習したこととつないで考える。	

第①／②時

形や大きさの違う物の重さ比べをして、問題を見いだす

（本時のねらい）
・形や大きさの違う物の重さを比べる活動を通し、問題を見いだすことができる。

（本時の評価）
・物の形や大きさと重さとの関係に着目し、自分自身で問題を見いだし、ノートに表現している。思①
・物の形や大きさと重さとの関係に興味・関心をもち、進んで重さ比べをし、問題を見いだそうとしている。態①

（準備するもの）（班の数分）
・簡易てんびん
・同じ大きさのビー玉とゴムボール
・同じ大きさのアルミ缶とスチール（鉄）缶
・アルミ箔・紙（天秤の入れ物より大きい物）
・綿（アルミ箔より重い量）
・ナット（ビー玉より重い物）

1 どっちが重い？

アルミかん ←くらべる→ 鉄のかん
予想　　　　　　　　　重かった
・大きさが同じだから同じ重さかな
・1円玉のアルミより鉄は重いから鉄のかんかな

アルミはく ←→ わた
予想
・わたの方が大きいから重そう
・わたはふわふわでかるいよ

予想の理由もメモする

手？ ←ちがう→ てんびん

（授業の流れ）▷▷▷

1 形や大きさの違う物の重さを手に持って比べる 〈10分〉

・アルミ缶と鉄の缶、アルミ箔と綿を見せて問う。
「どっちが重いでしょうか」
・手で持っただけでは分からない、正確に調べたいという意見から、簡易てんびんを提示する。
「重さ比べをして、気付いたことや不思議なことを見つけましょう」
・形と大きさと重さの関係に着目させ、「質的・実体的」な見方で調べられるようにする。

2 形や大きさの違う物の重さを簡易てんびんで比べる 〈35分〉

・班に分かれて形や大きさによる重さ比べが十分に体感できる時間を確保する。
・子供が結果を予想した後、重さ比べをするよう指示する。
・子供自身が結果や気付いたこと、疑問に思ったことをノートに記入する。

重さくらべをして、気づいたことやふしぎなことを見つけよう。

2 ― よそうしてから、てんびんでくらべる

3 ― 気づいたこと・ふしぎなこと

4
・アルミはくや紙…まるめる　おる
　→形をかえると重さはかわるのかな？

かんけいある？
形 ⟷ 重さ

・空きかん（大きい）　＜　ナット（小さい）
　→大きさと重さはかんけいないの？
・ビー玉　＞　ゴムボール（おなじ大きさ）
　→重さは何できまるの？　しゅるいかな？

かんけいある？
物 ⟷ 重さ
しゅるい

---

3 物の形や大きさと重さの関係について気付いたことなどをノートに書く　〈15分〉

「調べて気付いたことや不思議に思ったことを
ノートに書きましょう」
・子供自身が気付いたことや不思議なことを
　ノートに記入する。

4 気付いたことなどを発表し、個人の問題を基に学級の問題を設定する　〈30分〉

・個々の気付いたことや疑問を発表し合う。
・子供から出てきた疑問は、全て称賛し認める。
・物の形や大きさと重さとの関係についての話
　し合いに時間を多く取り、個人の問題を見い
　だすことができるようにする。
・意見の違いや疑問を基に、学級全体の問題を
　見いだす。
・学級の問題をノートに各自記入する。

第③時

物の形を変えると重さは変わるのか予想する

本時のねらい
・物の形をかえると重さは変わるのかについて、これまでの生活経験や自由試行などから根拠のある予想をもつことができる。

本時の評価
・物の形を変えたときの重さについて根拠のある予想をノートに表現している。思②

準備するもの
・粘土
　（小麦粘土が手につきにくく実験しやすい）
　演示用、30g 程度　2 人に 2 個ずつ
・電子ばかり（最小目盛 1 g のものがよい）
　班の数
・「電子ばかりの使い方」をまとめた紙
　（掲示用）💿 01-02

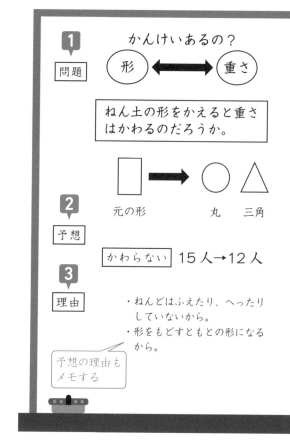

授業の流れ ▷▷▷

1 形を変えた粘土を比較し、形と重さとの関係に着目する〈5分〉

・前時の最後の問題を想起する。
・今日は粘土を使って調べると伝える。
　粘土の形を変えると重さは変わるのだろうか。
・変えたい粘土の形を出す（工作ではない）。
・元ある粘土の形だけを変える（加えたり、減らしたりしない）ことを演示する。
・形と重さの関係に着目させることで、「質的・実体的」な見方につなげる。

2 粘土の形を変えると重さは変わるのか、予想をノートに書く〈10分〉

「予想をノートに書きましょう。理由も書きましょう」

・「変わらない、変わる」から予想を選択する。
・変えた形によって予想が違う場合は、「○形は○だ」と個別にノートに書くように伝える。
・生活経験や自由試行で気が付いたことなどを思い出して、自分の予想を考える。
・実際に手で持って調べる時間をとる。

4 実けん方ほう

ねんどの形をかえて、電子ばかりで重さを
しらべる
【注意】
ねんどを落とさない

平ら　　のばす　　ばらばら

かわる 14人→17人

自分の予想のところ
に名札を貼る

【平ら】
軽 ひらべったいから。
重 重く感じたから。
【のばす】
軽 のびたから。
重 重く感じたから。

【ばらばら】
軽 小さくなっている
　　から。
重 小さくなって
　　りょうがふえたから。

【電子ばかりの使い方】

① 平らなところにおく。
② 電げんをいれる。
③ 入れ物をのせて
　「0」表じボタンを
　おして0にする。
④ しらべる物をそっと
　中央にのせる。

※はじめの重さを記ろくしておく。

---

3 粘土の形を変えると重さは変わる
のか、予想を話し合う　〈15分〉

大きさが同じ

なるほど

・名札を黒板に貼り、自分の予想をはっきりさ
　せておく。
・予想の人数を黒板に書いておく。
・形はもとにもどる、増えたり、減ったりして
　ないことに着目した意見は必ず取り上げる。
・何に着目しているかをはっきりさせる。
「予想の変更をする人は名前磁石を動かしま
しょう」

4 粘土の形を変えると重さは変わるのか、
実験方法や計画を立てる　〈15分〉

・班ごとにどんな形に変えるかを考える。
・正確に重さをはかるために電子はかりを使
　う。
＊電子はかりの正しい使い方を指導する。
・粘土が少しでも減ったり増えたりしてはいけ
　ないことに気付かない場合は、教師が粘土を
　落としてみせて、これでいいか考えさせる。
・初めの重さは、必ず記録するよう指示する。

第④時

粘土の形を変えると重さは変わるのか調べる

本時のねらい
・粘土の形をいろいろ変えて、電子ばかりで重さを量って記録し、粘土は形を変えても重さは変わらないことに気付くことができる。

本時の評価
・電子ばかりを正しく使い、粘土の重さを測り、ノートに記録している。知③

準備するもの
・粘土（小麦粘土）30g程度　班の数
・電子ばかり（最小目盛１gのものがよい）
　班の数
・「電子ばかりの使い方」をまとめた紙
　（掲示用）💿01-02

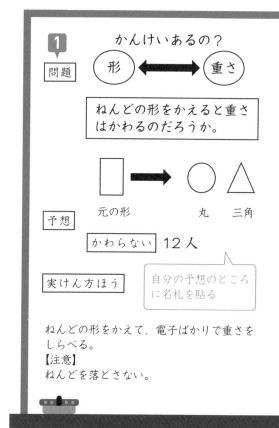

授業の流れ ▷▷▷

1 本時の学習問題を想起し、予想や実験方法を確認する　〈５分〉

・前時の問題を実験することを確認する。
粘土の形を変えると重さは変わるのだろうか。
・名札を貼り、自分の予想を確認する。
・前時に使った「電子ばかりの使い方」を黒板に貼っておき、確認する。
・実験の仕方、記録の仕方は教師が演示することで再確認する。

2 粘土の形を変えても重さは変わらないのかについて調べる〈20分〉

「粘土の初めの重さと形を変えたときの重さを記録しておきましょう。気付いたことや不思議なこともメモしておくといいね」
・電子ばかりが正確に使えているか机間指導をする。
・１回だけではなく何度も測っている班をみんなに紹介する。
・時間があれば他の形でも実験する。

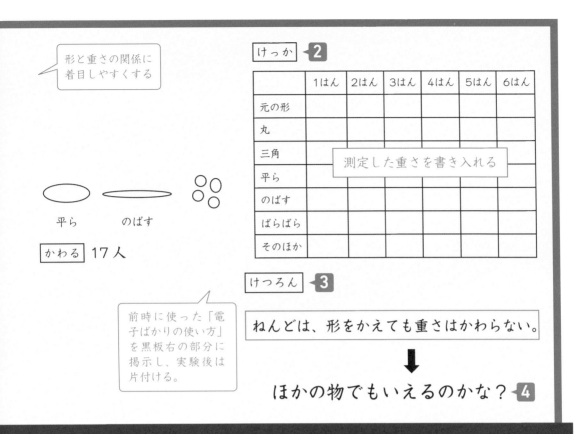

形と重さの関係に着目しやすくする

平ら　　のばす

かわる　17人

けっか 2

	1はん	2はん	3はん	4はん	5はん	6はん
元の形						
丸						
三角						
平ら						
のばす						
ばらばら						
そのほか						

測定した重さを書き入れる

けつろん 3

ねんどは、形をかえても重さはかわらない。

↓

ほかの物でもいえるのかな？ 4

前時に使った「電子ばかりの使い方」を黒板右の部分に掲示し、実験後は片付ける。

---

3 結果から考えたことをノートに書く　〈10分〉

「各班の結果を黒板に書きましょう」
「結果から考えたことや気が付いたことなどをノートに書きましょう」

・全ての班の結果が比較できるように黒板に結果を記入する。
・問題について考えたことを必ずノートに書くように話す。

4 結果から考えたことを発表し、粘土以外の物にも当てはまるか考える　〈10分〉

粘土は形をかえても重さは変わらないよ

他の物も同じかな。調べてみよう

・他の班と結果が違う場合は、結果が正確かもう一度みんなの前で実験し検討する。
・電子ばかりは置き場所によって数値が変わることがあるので何回か測定するとよい。

「粘土は、形をかえても重さは変わらないと言えるけれど、粘土だけを『物』といっていいかな」と問い、他の物でも調べるようにする。
・次の時間までに調べたい物を用意しておく。

第⑤時

粘土以外の物の形を変えても重さが変わらないか調べる

(本時のねらい)
・粘土以外の物の形を色々変えて重さを調べることで、物は形を変えても重さは変わらないことを捉えることができる。

(本時の評価)
・物は形を変えても重さは変わらないことを理解している。知①
・色々な物の形を変えて電子ばかりを使って重さを測定することができる。知③

(準備するもの)
・児童が調べたいと用意した物（新聞紙、アルミ箔、砂糖、小麦粉、ペットボトル、水など）
・電子ばかり（最小目盛1gのものがよい）
　班の数
・結果記入用のシート　班の数

① | 問題 | かんけいあるの？
　形 ⟷ 重さ

ねん土以外の物でも、形をかえても重さはかわらないのだろうか。

【しらべる物】新聞紙、アルミはく、さとう、小麦こ、ペットボトル、水

予想 | かわらない 20人→24人

理由 | ・ねんどはかわらなかったから。
・ふえたり、へったりしていないから。
・形をもどすともとの形になるから。

実けん 3

物の形をかえて、電子てんびんで重さを調べる。
【注意】 物を落とさない。ふやさない。

(授業の流れ) ▷▷▷

1 本時の学習問題を想起し、形を変えても重さは変わらないかについて予想する〈10分〉

・前時に出た問題について調べることを確認する。

粘土以外の物でも、形を変えても重さは変わらないのだろうか。

・名札を貼り、自分の予想を確認する。
・予想に理由を付けて発表する。

「もう一度、予想を確認します。予想を変えてもいいですよ」

2 予想を確かめる実験の方法を考える　〈5分〉

前と同じように実験するといいね

「どんな形に変えるつもりですか」
「どうやって実験しますか」

・みんなの前で子供が実験の仕方を演示する。
・他から物が入ったり、出ていったりしないことに気を付けて実験することを確認する。

形と重さの関係に
着目しやすくする

けっか 3		全部の班の 結果を貼る

1はん
ペットボトル 元○g つぶす○g
さとう 元○g 平ら○g ばら○g

2はん
水の入った 立てる○g 横向き○g
ペットボトル 反対に立てる○g
さとう 元○g 平ら○g ばら○g
新聞紙 元○g まる○g ばら○g

自分の予想のところに
名札を貼る

かわる 9人→5人

・ねんどとは物がちがうから。
・アルミニウムをもっと小さ
　くするとかるくなると思う
　から。

3はん
ペットボトル 元○g つぶす○g
アルミ 元○g おる○g ばら○g

4はん
ペットボトル 元○g つぶす○g
アルミ 元○g おる○g ばら○g

けつろん 4

物は、形をかえても重さはかわらない。

↓

・物はふやしたり、へらしたりしないかぎり、重さはかわらない。
・家でももっとしらべてみたい。

前時に使った「電
子ばかりの使い方」
を黒板右の部分に
掲示し、実験後は
片付ける。

---

3 いろいろな物を使って、形を変え
たときの重さを調べる　〈20分〉

「調べる物の初めの重さと形を変えたときの重
さを記録しておきましょう。気付いたことや不
思議なこともメモしておくといいね」
・班で実験に取り組む。
・電子ばかりを正確に使っているか指導する。
・結果を記入した班のシートを貼る。
「結果から考えたことや気が付いたことなどを
ノートに書きましょう」

4 結果から分かったことを
話し合う　〈10分〉

「結果から考えたことを発表しましょう」
・物が増えたり減ったりしていなかったら、重
さは変わらないという見方をしている子供を
称賛・価値付けする。
・次の時間は、第2時に出ていたもう一つの
問題「物の種類によって重さは違うのか」に
ついて考えることを思い出す。

第 ⑥ 時

物の種類によって重さが違うのか、ブロックを使って調べる

本時のねらい

・体積が同じでも物の種類によって重さは違うのか電子ばかりを使って調べて記録し、ブロックでは種類によって重さが違うことに気付くことができる。

本時の評価

・正しく電子ばかりを使ってブロックの重さを測り、ノートに記録している。知③

準備するもの

・同じ体積のブロック（鉄・アルミニウム・ゴム・木・プラスチック）班の数
・電子はかり（最小目盛１ｇのものがよい）班の数

1
問題 　かんけいあるの？
　しゅるい ⟷ 重さ

体せきが同じでも、物のしゅるいによって重さはちがうのだろうか。

それぞれの材質のブロックの写真（教科

鉄　アルミニウム　　ゴム
ナット・空かん　　ボール・わゴム

2
予想　　3人→1人　　　　19人→24人
　　　　全部同じ　　　　ちがうものもある

理由　・体せきが同じだから。

・きんぞくは、重かったから。
・同じ大きさのアルミかんは、鉄のかんよりかるかったから。
・ナット（鉄）は小さくて重かったから。

予想の理由もメモする

授業の流れ ▷▷▷

1 ブロックの種類を比較し、物の種類と重さの関係に着目する 〈10分〉

・前時の終わりに出た問題を想起する。

体積が同じでも、物の種類によって重さは違うのだろうか。

・同じ体積で比べることに気付くよう、第①時のアルミ缶と小さなゴムボールを見せ、アルミとゴムの重さとして比べていいか問う。

・物の種類と重さの関係に着目することで、「質的・実体的」な見方につなげる。

2 問題に対する予想をする 〈12分〉

「自分の予想をノートに書きましょう」

・各自の予想をノートに書き、名札を予想の意見に貼る。

・経験をもとに予想を考えるよう話す。

・重さを数値化する意味に気付くよう重い順に番号を打っておく。

・全体で話し合い、理由の違いや同じところを見つけ、もう一度自分の予想を考える。

種類と重さの関係に着目しやすくする

実けん方ほう ▶ 3

電子てんびんで重さをしらべる

けっか

	1はん	2はん	3はん	4はん	5はん	6はん
鉄	g	g	g	g	g	g
アルミニウム						
ゴム			測定した重さを書き入れる			
木						
プラスチック						

書に載っているような物)

木　　プラスチック
つくえ　　ものさし

7人→4人
全部ちがう

・物のしゅるいがちがうから。

自分の予想のところに名札を貼る

けつろん ▶ 4

調べたブロックでは、体せきが同じでも物のしゅるいによって重さはちがう。

↓

ほかの物でもいえるの？

---

3 ブロックの重さは違うかについて実験方法を考え、調べる〈13分〉

*ブロックは、落とすと危険だと伝える。
「ブロックの重さを測って、物の種類によって重さが違うか調べましょう」

・電子てんびんが正しく使えているか見る。
・ブロックの種類と重さの関係に着目しているか机間指導する。
・結果が一目で分かるように黒板に記入する。

4 ブロックの重さは違うかについて実験結果を基にまとめる〈10分〉

「結果から考えたことを発表しましょう」

・同じ物の重さの差に着目するのではなく、重さは違うのかについて考えるように話し合いの視点をはっきりしておく。
・結果が違う場合は、再実験して確かめる。
「ブロックでは、物の種類によって重さが違うと言えるけれど『物』と言っていいのかな」と問いかけ、他の物でも調べるようにする。

第⑦／⑧時

物によって重さが違うのか、他の物でも調べる

・様々な物の重さを調べ、体積が同じでも物によって重さが違うことを理解することができる。

（本時の評価）
・物は体積が同じでも種類によって重さが違うことを理解している。知②
・学んだことを日常生活にあてはめようとしている。態②

（準備するもの）
・子供が調べてみたいと用意した物
・教師が用意しておく物（班の数）
　粉：砂糖・塩・小麦粉・砂　液：水・油・酢
・電子はかり［最小目盛1g］（班の数）
・わりばし（班の数）・ドレッシング　1本
・プリンカップ（班に調べるものの数だけ）
・結果の記録用紙　A3ぐらい（班の数）

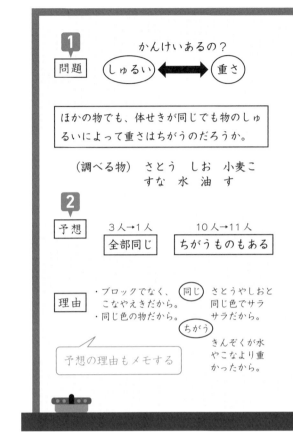

（授業の流れ）▷▷▷

1 ブロック以外の物の重さは物によって違うか考え、予想する　〈15分〉

・今日の問題の確認をする。

他の物でも、体積が同じでも、物の種類によって重さが違うのだろうか。

・子供が準備したものを発表する。
・各自の予想をノートに書き、名札を黒板に貼る。
・友達の予想と理由を基に、もう一度自分の予想について考える。

2 実験の方法や計画を立てる　〈15分〉

・体積を同じにして比べなければいけないことに気付かないときには、たくさんの砂糖と少しの塩で比べ、「これで物の種類によって重さが違うといっていいか」と問いかける。
・粉状の物の測り方については、演示しながら説明する。
・液状のものはこぼさないように正確に測ることに気を付ける。

種類と重さの関係に
着目しやすくする

実けん方ほう ▶3

1 同じ体せきにする ➡ 同じ大きさの入れ物
2 電子てんびんではかる

2回くり返す ↓

【こなの物】
1 山もり 入れ物にいれる
2 トントンして すきまをなくす
3 わりばしで すり切る

自分の予想のところ
に名札を貼る

16人→17人
全部ちがう

ブロックでは、
物のしゅるいに
よって全部重さ
がちがったから。

けっか 全部の物の重さがちがう。 ▶4

けつろん

体せきが同じでも物のしゅるいによって重さはちがう。

ドレッシング ← 油 （かるい）

← 水や水にまざった
もの （重い）

---

3 他の物で同じ体積の重さを量り、
重さは違うか調べる 〈30分〉

・正確に実験できているか机間指導する。
「カップに粉がついたままになっていないか
な？」
「水でぬれたままになっていないかな？」
「こぼれていないかな？」
・班で結果を記録しながら実験する。
・同じ体積にするためのカップを用意してお
く。

---

4 結果から考えたことを話し合い、
日常生活にあてはめて考える 〈30分〉

・全ての班の結果が分かるように、各班の結果
の記録をホワイトボード黒板に掲示する。
・結果から各自分かったことや考えたことを
ノートに書き、みんなで話し合う。
「ドレッシングの中はどうして分かれているの
かな？」ドレッシングを見せて問う。
「重さの違いで見られる物がないかな？」
・生活を振り返るよう促す。

2 風とゴムの力の働き A(2) （7時間扱い）

単元の目標

　風とゴムの力と物の動く様子に着目して、それらを比較しながら、風とゴムの力の働きを調べる活動を通して、それらについての理解を図り、観察、実験などに関する技能を身に付けるとともに、主に差異点や共通点を基に、問題を見いだす力や主体的に問題解決しようとする態度を育成する。

評価規準

知識・技能	思考・判断・表現	主体的に学習に取り組む態度
①風の力は、物を動かすことができることや、風の力の大きさを変えると、物が動く様子も変わることを理解している。 ②ゴムの力は、物を動かすことができることや、ゴムの力の大きさを変えると、物が動く様子も変わることを理解している。 ③風とゴムの力の働きについて、器具や機器などを正しく扱いながら調べ、それらの過程や得られた結果を分かりやすく記録している。	①風とゴムの力の働きについて、差異点や共通点を基に、問題を見いだし、表現するなどして問題解決している。 ②風とゴムの力の働きについて、観察、実験などを行い、得られた結果を基に考察し、表現するなどして問題解決している。	①風とゴムの力の働きについての事物・現象に進んで関わり、他者と関わりながら問題解決しようとしている。 ②風とゴムの力の働きについて学んだことを学習や生活に生かそうとしている。

単元の概要

　第1次では、風受け（帆）を付けた車を作って遊ぶ活動から、「弱い風のとき」と「強い風のとき」の車の動いた距離を比較し、問題を見いだす。その後、風の力と車の動いた距離に着目して、主体的に問題を解決していくことを通して、風の力の大きさを変えると物の動き方も変わることを理解していく。

　第2次では、ゴムで動く車で遊ぶ活動から、「ゴムを短く伸ばしたとき」と「ゴムを長く伸ばしたとき」の車の動いた距離を比較し、問題を見いだす。その後、ゴムの力と車の動いた距離に着目して、主体的に問題を解決していくことを通して、ゴムの伸ばし方を変えると物の動き方が変わることを理解していく。

　第3次では、風車やゴム鉄砲などの身の回りの物について、風やゴムの力の利用の仕方を説明する活動を通して、これまでに学んだことを学習や生活に生かそうとする態度を伸ばしていく。

⑴本単元で働かせる「見方・考え方」

　風やゴムの力で物が動く様子を調べる活動の中で、「量的・関係的」な見方を働かせ、「風の力が大きくなると、物の動き方も大きくなる」といった視点（量的・関係的）や、「ゴムの元に戻ろうとする力が大きくなると、物の動き方も大きくなる」といった視点（量的・関係的）などから、風とゴムの力の働きを捉えるようにする。その際、第3学年で重視される「比較」という考え方を用いて、風やゴムの力の大きさと物の動く様子との関係を調べるようにする。

⑵本単元における「主体的・対話的で深い学び」

　一人一人が車を作り、自分で問題を見いだし予想したことを自分の車で確かめていくところが、「主体的な学び」につながる。また、自分の車で調べた結果を友達の結果と比べて話し合い、クラスのデータを基に客観性のある結論を導いていくところが「対話的な学び」につながる。このような「主体的・対話的な学び」を、風の力の学習とゴムの力の学習において繰り返すことで、より「深い学び」につながっていく。

指導計画（全7時間）　　詳細の指導計画は 💿 02-01参照

次	時	主な学習活動	評価
1	1	○風で動く車を作り、うちわであおいで遊んでみて、気付いたことを出し合い、問題を見いだす。	（思①）
	2	**実験1** 車に当てる風の強さをかえたときの車の進む距離の変わり方を比べながら調べる。	知①・態①
2	3	○ゴムで動く車で遊んでみて、気付いたことを出し合い、問題を見いだす。	思①
	4	**実験2** ゴムの伸ばし方を変えたときの車の進む距離の変わり方を比べながら調べる。	知②・知③
	5・6	**実験3** ゴムの数や太さを変えたときの車の進む距離の変わり方を比べながら調べる。	思②
3	7	○風やゴムの力を利用した物を身の回りから探して、風やゴムの力がどのように使われているのかを説明する活動を通して、本単元をまとめる。	態②

第①時

帆を付けた車にうちわで風を当てて動かす活動から、問題を見いだす

（本時のねらい）
・帆を付けた車にうちわで風を当てて動かす活動を通して、疑問に思ったことから、問題を見いだすことができる。

（本時の評価）
・風の強さと車の動き方に着目し、自分自身で疑問に思ったことや問題を見いだして、ノートに表現している。（思①）

（準備するもの）
・帆かけ船、こいのぼりの写真 生活科のおもちゃの写真 💿 02-02
・帆を付けた車をうちわであおぐ写真 💿 02-03
・車と風受け（帆）になる画用紙（児童数分）
・体育館や特別教室等の広い場所に、スタート線とゴールゾーンをビニルテープで貼って、コースを作る。

1

風の力で動く？

風で動くという共通点に気付かせる

（授業の流れ）▷▷▷▷

1 帆かけ船やこいのぼり、生活科のおもちゃ等、風の力で動くものについて話し合う 〈5分〉

・帆かけ船の写真、こいのぼりの写真を提示し、何の力で動いているかに着目する。
「これは、どうやって動いていると思いますか」
・生活科のおもちゃを提示する。
「これは、何の力で動いていると思いますか」

2 風受けを付けていない車を、風で動かす方法を考える 〈5分〉

・風受けがついていない車を提示する。
「手を使わないで、車を動かすにはどうしたらいいでしょうか」
・子供から「帆をつける」という考えと「うちわであおぐ」等の考えが出てから、風受けをつけた車とうちわを提示する。

ほをつけた車に、
風をあてて
動かしてみよう。

2

みんなのぎもん ◀ **4** 車がうまくゴールゾーン
に止まらなかったときに
ついて話し合う

[ゴールまで
とどかないとき]　　[ゴールを
こえてしまったとき]

弱い風　　　　　　　強い風

あまり進まないのか？　　遠くに進むのか？
進むきょりが短いのか？　進むきょりが長いのか？

問題

3　○スタート線から、
　　うちわであおぐ。
　　○ゴールゾーンに、
　　とめてみよう。

風の強さをかえると、ものの動き方は
どのようにかわるのだろうか。

---

3 風受けを付けた車をうちわであおいで動かし、
疑問に思ったことをノートに書く　〈20分〉

・一人一人に車を渡し、子供自身で画用紙の風
　受け（帆）をつける。
・スタート線とゴールゾーンを決めて、車を
　ゴールゾーンに止めるには、どうすればよい
　かを考えながら、車を動かすように伝える。
・ゴールゾーンに止まらなかったときに疑問に
　思ったことをノートに書く。

4 個人の問題を見いだし、それを基
に学級の問題を設定する〈15分〉

・ゴールゾーンに止まらなかったときに疑問に
　思ったことを出し合う。
「風の強さによって、車の動き方は違うの？」
・子供たちが出した疑問から、個人の問題を見
　いだし、ノートに書く。
・個人の問題を発表し、学級の問題をつくる。
「みんなで、これから何を調べていくか、学級
の問題をつくりましょう」

第②時

風の強さを変えたときの車の進む距離の変わり方を比べる

（本時のねらい）
・車に当てる風の強さと車の進む距離を比べる活動を通して、風の力は物を動かすことや、風の力の大きさを変えると物が動く様子も変わることを捉えることができる。

（本時の評価）
・風の力は物を動かすことができることや、風の力の大きさを変えると物が動く様子も変わることを理解している。知①
・風の力の働きについての事物・現象に進んで関わり、他者と関わりながら、問題解決しようとしている。態①

（準備するもの）
・風受け（帆）のついた車（児童数分と教師用）
・送風機と板（班の数分）
・結果を一覧掲示するためのグラフとシール
・１m間隔で印を付けたコース

問題

風の強さをかえると、ものの動き方はどのようにかわるのだろうか。

予想

弱い風　　　　　　　強い風

車の動き方
（あまり進まない）25人　（遠くまで進む）25人
（どちらも同じように進む）2人

人数を書くことで、児童の自分の立場をはっきりさせる

理由
・うちわであおいだときの体けんから。
・強い風がふいたとき、かさがうら返しになったことがあったから。
・強い風がふいたとき、ノートがとじたから。

（授業の流れ）▷▷▷

1 風の強さを変えると、車の動き方はどのように変わるのかについて予想する〈10分〉

・前時の体験や生活経験、生活科のおもちゃ作りの体験などを根拠に、予想を立て、ノートに書く。
「風の強さを変えると、車の動き方はどのように変わると思うか予想してノートに書きましょう。予想の理由も書けるといいですね」
・予想とその理由を発表し、話し合う。

2 予想を確かめる方法を考える〈5分〉

みんなの風の力がそろわないよ

送風機はみんなの風の力がそろうね

・弱い風をあてたときの車の動く距離と強い風を当てたときの車の動く距離を比べて調べることを考えることができるように、話し合う。
「どうやって予想を確かめますか」
・いきなり送風機を出すのではなく、子供たちに、うちわだとはっきり調べられないことを気付かせてから、送風機を出すようにする。
「風はどうしますか。うちわでいいですか」

○そう風きを使う

弱い風を あてた車	⟷	強い風を あてた車

（動いたきょり）　　　（動いたきょり）

くらべる

3回調べる

けつろん 4

注意

・そう風きの中に、手を入れない。
・前に人がいないことをたしかめてから、
　発車する。

風の強さをかえると、ものの動き方もかわる。
風が強くなるほど、風の力が大きくなるので、
ものの動き方も大きくなる。

---

3 風の強さを変えたときの車の進む
距離を比べながら調べる 〈20分〉

・車を走らせ始めるまで、送風機の前に板など
　を当てて、風が車に当たらないようにしてお
　く。
・正確なデータを取るために、一人3回車を
　走らせてデータを取る。
・車が止まったところの距離をノートに記録す
　るようにする。また、クラス全体の記録用紙
　にもシールで記録するようにする。

4 クラス全体の結果を基に
話し合い、結論を導く 〈10分〉

・クラス全体の結果のグラフから、大体の結果
　の傾向を見る。一番多くシールが集まってい
　るところに着目できるようにする。
・風の強さと車の動き方の関係について考えら
　れるようにする。
「この結果を比べると、風の強さを変えると車
　の動き方はどのように変わるといえますか」
・子供の発言をもとに、結論をまとめる。

第③時

ゴムで動く車で遊ぶ活動から、問題を見いだす

本時のねらい
・ゴムで動く車を動かしてみる活動を通して、疑問に思ったことから、問題を見いだすことができる。

本時の評価
・ゴムの伸ばし方と車の動き方に着目し、自分自身で疑問に思ったことや問題を見いだしてノートに表現している。思①

準備するもの
・ゴムを伸ばしたとき、水風船の写真
・ゴムの力で動く車の写真 💿 02-04
・ゴム、フック、車（子供全員分と教師用）
・発射台となる板とクリップ（班の数）
・前時までのコースを活用

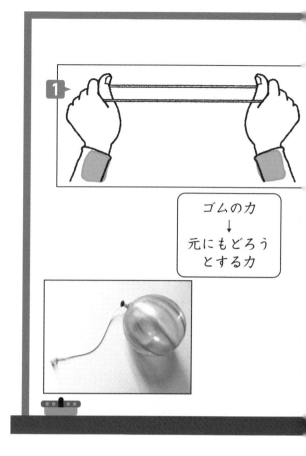

ゴムの力
↓
元にもどろう
とする力

授業の流れ ▷▷▷▷

1	ゴムの元に戻ろうとする手ごたえを感じて、ゴムで車を動かそうというめあてをもつ〈8分〉

「風以外で、車を動かす方法を考えてみよう」

・水風船の写真を提示し、ゴムの力で車が動かせそうだという考えをもつことができるようにする。

・ゴムの元にもどろうとする力に着目できるように、子供一人一人にゴムを渡して、ゴムを伸ばしたりねじったりする活動を設定する。

・ゴムを引っ張りすぎないように注意を促す。

2	ゴムで動く車の動かし方を確認し、ゾーンゲームの方法を知る 〈5分〉

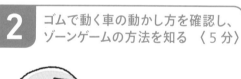
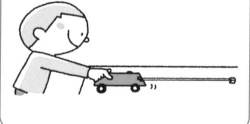

・車体の裏に付けたフックと、発車台のクリップに輪ゴムを引っかけて、車体を引いて離すことで車が動くことを確認する。

・ゴムを引っ張りすぎないように注意を促す。

・風の力で動く車のときと同じようにゾーンゲームをすることを伝える。

「スタート線から発車して、ゴールゾーンに止まるようにしましょう」

ゴムの力で
車を動かしてみよう。

みんなのぎもん ◀ **4** ｜ 車がうまくゴールゾーンに止まらなかったときについて話し合う

2 ◀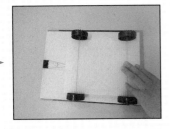

ゴールまで とどかないとき	ゴールを こえてしまったとき
ゴムを短くのばす	ゴムを長くのばす
あまり進まないのか？ 進むきょりが短いのか？	遠くに進むのか？ 進むきょりが長いのか？

○スタート線から、動かす。

注意
ゴムをひっぱりすぎない。

問題

ゴムののばし方をかえると、ものの
動き方はどのようにかわるのだろうか。

---

3 ゴムで動く車を動かし、疑問に
思ったことをノートに書く〈18分〉

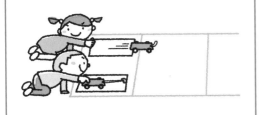

・スタート線とゴールゾーンを決めて、車を
ゴールゾーンに止めるには、どうすればよい
かを考えながら、車を動かすように伝える。
・ゴールゾーンに止まらなかったときに疑問に
思ったことをノートに書く。

4 個人の問題を見いだし、それを基
に学級の問題を設定する〈14分〉

・ゴールゾーンに止まらなかったときについ
て、疑問に思ったことを出し合う。
「ゴムの伸ばし方によって、車の動き方は違う
の？」
・疑問から、個人の問題を見いだすように導
く。
「みんなで、これから何を調べていくか、学級
の問題をつくりましょう」

第④時

ゴムの伸ばし方を変えたときの車の進む距離の変わり方を比べる

本時のねらい

・ゴムの伸ばし方と車の進む距離を比べる活動を通して、ゴムの力は物を動かすことや、ゴムの力の大きさを変えると物が動く様子も変わることを捉えることができる。

本時の評価

・ゴムの力は物を動かすことができることや、ゴムの力の大きさを変えると物が動く様子も変わることを理解している。知②
・ゴムの力で物が動く様子について、ゴムやものさし、車を正しく扱いながら調べ、得られた結果を分かりやすく記録している。知③

準備するもの

・フックの付いた車（子供全員分と教師用）
・輪ゴム、ものさし、クリップ（班の数分）
・結果を一覧掲示するためのグラフとシール
・1m間隔で印を付けたコース

問題

ゴムののばし方をかえると、ものの動き方はどのようにかわるのだろうか。

予想 1

短くのばす　　　　　長くのばす
↓　　　　　　　　　　↓

車の動き方

（あまり進まない）25人　（遠くまで進む）25人
（どちらも同じように進む）2人

人数を書くことで、児童の自分の立場をはっきりさせる

理由

・前の時間に、ゴムを短くのばすとあまり進まなくて、長くのばすと遠くまで進んだから。
・ゴムを長くのばすと、もどされる感じが強くなるから。

授業の流れ ▷▷▷

1 ゴムの伸ばし方を変えると、車の動き方はどのように変わるのかについて予想する　〈10分〉

短い　　　　　　長い

・前時の体験や生活経験、生活科のおもちゃ作りの体験などを根拠に、予想を立て、ノートに書く。
「ゴムののばし方を変えると、車の動き方はどのように変わると思うか予想してノートに書きましょう。予想の理由も書けるといいですね」
・予想とその理由を発表し、話し合う。

2 予想を確かめる方法を考える　〈5分〉

ゴムを短く伸ばしたときと長く伸ばしたときの車の距離を比べよう

「どうやって予想を確かめますか」
「ゴムを短く伸ばしたときと長く伸ばしたときに車がどれだけ動いたかを比べたらいいです」
「短くのばすといっても、みんな好きな長さだったら、結果がバラバラになるよ」「ゴムの長さは、みんなで決めよう」という子供の発言を引き出したい。

調べ方 2

○ゴムの長さを決めてくらべる。

短くのばす車
15cm
（動いたきょり）

⟷ くらべる

長くのばす車
20cm
（動いたきょり）

3回
調べる

けっか 3

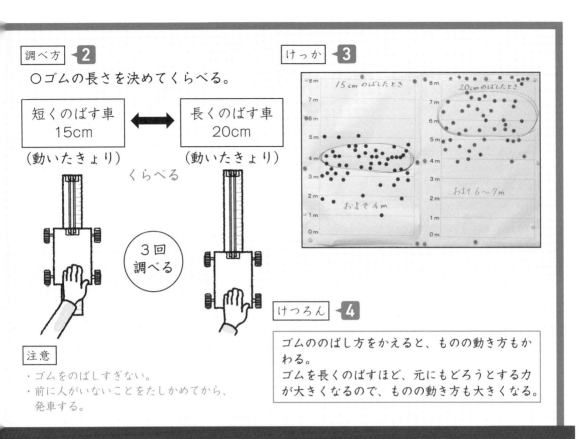

注意

・ゴムをのばしすぎない。
・前に人がいないことをたしかめてから、
　発車する。

けつろん 4

ゴムののばし方をかえると、ものの動き方もか
わる。
ゴムを長くのばすほど、元にもどろうとする力
が大きくなるので、ものの動き方も大きくなる。

---

3 ゴムの伸ばし方を変えたときの車の
進む距離を比べながら調べる〈20分〉

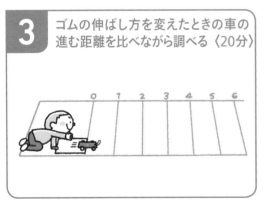

・車を後ろに引いたときの手ごたえも感じさせ
るようにする。
・正確なデータを取るために、一人3回車を
走らせてデータを取る。
・車が止まったところの距離をノートに記録す
るようにする。また、クラス全体の記録用紙
にもシールで記録するようにする。

4 クラス全体の結果を基に
話し合い、結論を導く　〈10分〉

・クラス全体の結果のグラフから、大体の結果
の傾向を見る。一番多くシールが集まってい
るところに着目できるようにする。
・ゴムの伸ばし方と車の動き方の関係について
考えられるようにする。
「この結果を比べて、ゴムの伸ばし方を変えると
車の動き方はどのように変わると言えますか」
・子供の発言をもとに、結論をまとめる。

第 ⑤ ／ ⑥ 時

ゴムの太さや数を変えたときの車の進む距離の変わり方を比べる

（本時のねらい）
・ゴムの太さや数と車の進む距離を比べる活動を通して、ゴムの力の大きさを変えると物が動く様子が変わることを捉えることができる。

（本時の評価）
・ゴムの太さや数を変える実験を行い、得られた結果を基に考察し、表現している。思②

（準備するもの）
・フックのついた車（児童数分と教師用）
・ものさし、クリップ（班の数分）
・太い輪ゴム（班の数分）
・細い輪ゴム（前時に使用した太さでよい、班の数×2）
・結果を一覧提示するためのグラフとシール
・1m間隔で印を付けたコース

問題 1

> ゴムの太さや数をかえると、ものの動き方は、どのようにかわるのだろうか。

予想 2

細いゴム　　　　　太いゴム

車の動き方 ↓　　　　↓

（あまり進まない）20人　（遠くまで進む）20人
（どちらも同じように進む）7人

ゴム1本　　　　　ゴム2本

車の動き方 ↓　　　　↓↓

（あまり進まない）20人　（遠くまで進む）25人
（どちらも同じように進む）2人

（授業の流れ）▷▷▷

1 ゴムの力を変えるための他の方法はないか話し合い、問題を見いだす　〈15分〉

・前時を想起した後、ゴムの力を変える方法は、前時のゴムの伸ばし方を変える他にはないか話し合う。
「ゴムの力を変える方法は、ゴムの伸ばし方を変える他にもありますか」
・子供の発言をもとに、問題へとつなげる。

2 予想を立てて話し合い、それを確かめる方法を考える　〈30分〉

太いゴムを伸ばしてみたら、すごい力を感じたから、太いゴムだと、もっと遠くに車が動くと思うよ

・前時の体験や生活経験、生活科のおもちゃ作りの体験などを根拠に、予想を立てる。
「ゴムの太さや数を変えると、車の動き方はどのように変わると思うか予想してノートに書きましょう。予想の理由も書けるといいですね」
・予想とその理由を発表し、話し合う。
・伸ばす長さを同じにするように助言する。

調べ方 ○ゴムをのばす長さは、すべて 15cm にする。

| 細いゴムの車 ⟷ 太いゴムの車 | ゴム 1 本の車 ⟷ ゴム 2 本の車 |

けっか ▶3

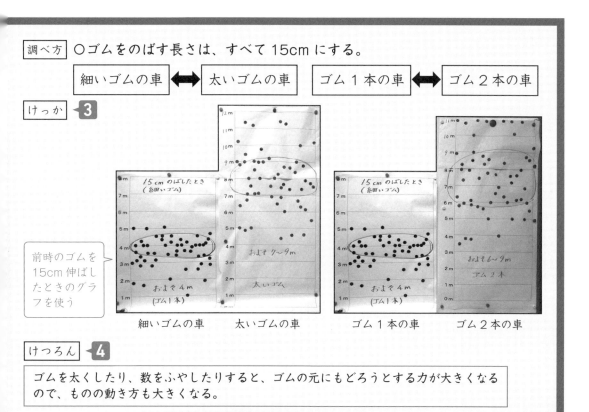

前時のゴムを 15cm 伸ばしたときのグラフを使う

細いゴムの車　　太いゴムの車　　ゴム 1 本の車　　ゴム 2 本の車

けつろん ▶4

ゴムを太くしたり、数をふやしたりすると、ゴムの元にもどろうとする力が大きくなるので、ものの動き方も大きくなる。

---

3 ゴムの太さや数を変えたときの車の進む距離を比べながら調べる〈30分〉

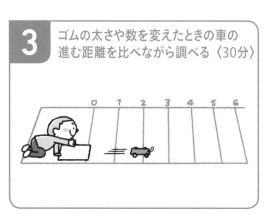

・細いゴムの場合とゴム 1 本の場合は、前時と同じなので、確認程度にとどめてもよい。
・太いゴムの場合とゴム 2 本の場合を実験するときは、正確なデータをとるために、一人3回車を走らせてデータをとる。
・車を後ろに引いたときの手ごたえも感じさせるようにする。
・記録の仕方はこれまでと同様である。

4 クラス全体の結果を基に話し合い、結論を導く　〈15分〉

・クラス全体の結果のグラフから、大体の結果の傾向を見る。一番多くシールが集まっているところに着目できるようにする。
「細いゴムのときと太いゴムのときでは、車の動き方はどのように違いますか」
「ゴム 1 本のときと 2 本のときでは、車の動き方はどのように違いますか」
・子供の発言を基に、結論をまとめる。

第 ⑦ 時

風やゴムの力を利用した物を身の回りから探して、利用の仕方を説明する

（本時のねらい）
・身の回りの物について、風やゴムの力の利用の仕方を説明することができる。

（本時の評価）
・風とゴムの力の働きについて学んだことを学習や生活に生かそうとしている。態②

（準備するもの）
・風の力を利用した物の写真
　（板書用と班の数分）
・ゴムの力を利用した物の写真
　（板書用と班の数分）
※実際に準備できる物があれば、実物を準備する。

めあて **1**

身の回りの物について、どのように風やゴムの力が使われているか説明しよう。

分かったこと **2**

風の力

- ・風の力の大きさをかえると、ものの動き方もかわる。
- ・風が強くなるほど、ものの動き方も大きくなる。

ゴムの力

- ・ゴムののばし方をかえると、ものの動き方もかわる。
- ・ゴムを長くのばしたり、太くしたり、数をふやしたりするほど、ゴムの元にもどろうとする力が大きくなるので、ものの動き方も大きくなる。

（授業の流れ）▷▷▷

1 本時のめあてを確認する　〈5分〉

・凧の写真を見せて、何の力を利用しているのか説明し合う。
「これは何でしょうか。そうです。凧は、何の力を利用しているのでしょうか」
・凧が風の力を利用している説明ができたら称賛し、本時のめあてをもつことができるようにする。

2 本単元の実験を通して分かったことを確認する　〈5分〉

・これまでのノートを振り返りながら、風の力とゴムの力について分かったことを発表し合う。
「これまでの学習で分かったことを発表しましょう」

風やゴムの力を利用したもの ▸3

（風の力）

（ゴムの力）

  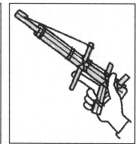 

3 風やゴムの力を利用した物に
ついて説明し合う 〈25分〉

・板書に使っている写真を各班にも渡してお
き、説明したい写真を選んで、班の友達に、
どのように風やゴムの力を利用しているのか
を説明する。
・班での説明活動をした後、クラス全体でも、
説明し合う。
・説明したい物を一つ選び、どのように風やゴ
ムの力を利用しているのかをノートに書く。

4 単元を振り返る 〈10分〉

・これまでの自分の学びを振り返り、自分の問
題解決の過程に価値を見いだすことができる
ようにする。
「これまでの学びを振り返って、自分がどのよ
うに考えて工夫したり問題を解決したりしてき
たかをノートに書きましょう」

3 光と音の性質　A (3)　12時間扱い

単元の目標

　光を当てたときの明るさや暖かさ、音を出したときの震え方に着目して、光の強さや音の大きさを変えたときの現象の違いを比較しながら、光と音の性質について調べる活動を通して、それらについての理解を図り、観察、実験などに関する技能を身に付けるとともに、主に差異点や共通点を基に、問題を見いだす力や主体的に問題解決しようとする態度を育成する。

評価規準

知識・技能	思考・判断・表現	主体的に学習に取り組む態度
①日光は直進し、集めたり反射させたりできることを理解している。 ②物に日光を当てると、物の明るさや暖かさが変わることを理解している。 ③物から音が出たり伝わったりするとき、物は震えていることや、音の大きさが変わるとき物の震え方が変わることを理解している。 ④光と音の性質について、器具や機器などを正しく扱いながら調べ、それらの過程や得られた結果を分かりやすく記録している。	①光と音の性質について、差異点や共通点を基に、問題を見いだし、表現するなどして問題解決している。 ②光と音の性質について、観察、実験などを行い、得られた結果を基に考察し、表現するなどして問題解決している。	①光と音の性質についての事物・現象に進んで関わり、他者と関わりながら問題解決しようとしている。 ②光と音の性質について学んだことを学習や生活に生かそうとしている。

単元の概要

　第1次では平面鏡を使い、的に光を当てる自由試行を設定することで、日光の進み方や明るさ、暖かさについて問題を見いだし、解決できるようにする。また、授業中に気付いたことや疑問に思ったことを自分のノートに記録したり、全体で共有したりすることで、次時へとつながるようにする。

　第2次では平面鏡や虫眼鏡を使い、日光を集める活動を設定することで、日光の集光について問題を見いだし、解決できるようにする。

　第3次では身の回りの物や糸電話を使い、音を出したり伝えたりする自由試行を設定することで、音と震えとの関係や音の大小と震え方の関係について問題を見いだし、解決できるようにする。また、複数の物を使用して実験を行い、その結果から結論を導き出すことで、一般化を図ったり、身の回りの物に目を向けたりすることができるようにする。

指導のポイント

(1)本単元で働かせる「見方・考え方」

　光と音の性質について、主に「量的・関係的」な見方を働かせ、平面鏡を使い、光を当てたときの

物の明るさや暖かさを調べる活動を通して、「鏡の枚数が増えると、物が明るくなったり暖かくなったりする」ことや、身の回りにある物を使って音を出したときの物の震え方を調べる活動を通して、「音が大きくなると、物の震え方も大きくなる」ことなどを捉えるようにする。

　また、第3学年で重視される「比較」という考え方を働かせ、光を当てたときの明るさや暖かさの様子、音を出したときの震え方の様子について問題を見いだすことができるようにする。

⑵本単元における「主体的・対話的で深い学び」

　「主体的な学び」として、物に光を当てたり身の回りの物を使用し音を出したりする自由試行を通して、一人一人が自分自身の問題を見いだしていく。また、「対話的な学び」として、物に光を当てたり音を出したりした結果を友達の結果と比べたり、学級全体で結果を共有したりすることで、客観性のある結論を導いていく。そして、光と音の性質の学習において「主体的・対話的な学び」を繰り返すことで、新しい知識や概念がつくられ「深い学び」につながっていく。

指導計画（全12時間）　　詳細の指導計画は 🔗 03-01参照

次	時	主な学習活動	評価
1	1・2	○日光の進み方や明るさについて問題を見いだし、鏡を使って調べ結論を導き出す。 **実験1** 反射させた日光が進む道筋を記録用紙に記録する。	(思①)・(態①)
2	3・4	○日光の明るさや暖かさについて問題を見いだし、鏡を使って調べ結論を導き出す。 **実験2** 日光を当てた的の温度や明るさを観察し、記録する。	知④・思②
	5・6	○集光した日光について問題を見いだし、虫眼鏡を使って調べ結論を導き出す。 **実験3** 集光した日光の明るさや温度を観察し、記録する。	知①・知②
3	7・8	○音と震えとの関係について問題を見いだし、楽器を使って調べ結論を導き出す。 **実験4** 楽器から音が出る時、震えているか観察し、記録する。	思①・態①
	9	○音と震えとの関係について問題を見いだし、楽器以外を使って調べ結論を導き出す。 **実験5** 楽器以外の物から音が出る時、震えているか観察し、記録する。	態②
	10	○音の大小と震えとの関係について問題を見いだし、楽器を使って調べ結論を導き出す。 **実験6** 音の大きさが変わる時、震え方も変わるのか観察し、記録する。	思①
	11	○音の伝わり方について問題を見いだし、糸電話を使って調べ結論を導き出す。 **実験7** 糸電話を使用し、音が伝わる時の糸の様子を観察し、記録する。	知④
	12	○音の伝わり方について問題を見いだし、糸電話以外を使って調べ結論を導き出す。 **実験8** 糸電話以外の物も音が伝わる時震えているのかを観察し、記録する。	知③・思①

第①／②時

日光の進み方や明るさについて、鏡を使って調べる

(本時のねらい)
・日光の進み方や明るさについて、平面鏡で反射させた日光を観察する活動を通して、問題を見いだし、解決することができる。

(本時の評価)
・日光の進み方や明るさについて、平面鏡で反射させた日光を観察し、自分自身で問題を見いだし、表現している。(思①)
・日光の性質について、解決の見通しをもち、粘り強く調べようとしている。(態①)

(準備するもの)
・平面鏡（班数分）
・日かげに設置した的（数字が書いてあるものがよい）
・日光の道筋を記録する用紙（班数分）

気付いたこと、
ぎもんに思ったこと

1　・かがみとかべの間では、日光はどうなっているのかな
　　・日光はどのように進むのだろう
　　・日光を当てたところは明るくなるのかな

個々の子供の問題を紡いで、学級の問題にする

問題　2

かがみで反しゃさせた日光は、どのように進んだり、日かげを明るくしたりするのだろうか。

(授業の流れ) ▷▷▷

1 光の進み方や明るさに着目し、個々の疑問をノートに書く〈12分〉

・日かげにある壁につくった的に、反射させた日光を当てる活動をする。
「気付いたこと、疑問に思ったことを書きましょう」
・自分自身で疑問を表現しているかを教師が見取る。

2 個人の問題を見いだし、それを基に学級の問題を設定する〈13分〉

・個々の疑問を発表し、それを基に自分自身の問題を見いだし、ノートに記入する。
「ノートに自分の問題を書きましょう」
・教師は、学級の問題を設定する際に、あらかじめ想定していた学級の問題につながるように個々が発表した何人かの問題の言葉を紡いでいく。
「学級で解決する問題を考えましょう」

3 予想　　　　　　　　　　　　　　　　　　　　　　　方ほう

進み方と明るさに
着目しやすくする

・明るくなるか　　・まっすぐ進むか
　明るくなる　　　　まっすぐ進む
　20/30　　　　　　15/30
　あまりかわらない　まがって進む
　10/30　　　　　　15/30

考えた人数を
板書する

・まっすぐねらったら、的の数字に光
　が当たったから。

予想の理由も
板書する

・的にうつった日光が明るかったか
　ら。

けっか

・明るくなるか　・まっすぐ進むか

1　明るくなった　　[　　　　]
2　明るくなった　　[　　　　]
3　明るくなった　　[　　　　]
4　明るくなった　　[　　　　]
5　明るくなった　　[　　　　]

4 けつろん

はんしゃさせた日光は、まっすぐ
進む。
はんしゃさせた日光が日かげに当
たると、明るくなる。

---

3 予想を基に、光の進み方や明るさを調べ
る実験の計画を立て、実験する〈35分〉

「予想と理由を書きましょう」

・的と鏡の間の日光の進み方を紙に記入するこ
とで可視化し、子供の予想を全体で共有する
ことができるようにする。

・日なたで記録しようとしている子供がいた場
合は「日光の通り道が見えるようにするには
どうすればよいだろう」と言葉をかけ、日か
げで記録するように促す。

4 光の進み方や明るさについて、
結果を基に結論を導き出す〈30分〉

・日光の直進性を調べる際、日かげで調べるよ
うにすることで、鏡に反射した日光に照らさ
れた部分は明るくなることを捉えるととも
に、日光の通り道を紙に記録する活動を取り
入れることで、日光の暖かさを肌で感じるこ
とができるようにする。

「今日の実験結果から、どんなことが言えるで
しょう」

第③／④時

日光を集めたときの明るさや暖かさについて、鏡を使って調べる

(本時のねらい)
・日光の暖かさについて、鏡の枚数との関係に着目する活動を通して、明るさと温度についての問題を見いだし、解決することができる。

(本時の評価)
・平面鏡を正しく扱いながら、日光の進み方や明るさを分かりやすく記録している。(知④)
・日光を集めたときの明るさや暖かさを調べる実験を行い、得られた結果を基に考察し、表現している。(思②)

(準備するもの)
・平面鏡（班数分）
・温度計（班数分）
・ダンボール（班数分）
・ストップウォッチ（班数分）

前の時間の実けんの様子

1

個々の子供の問題を紡いで学級の問題にする

問題 2

かがみで反しゃさせた日光が集まるほど、明るくなったり、あたたかくなったりするのだろうか。

(授業の流れ) ▷▷▷

1 日光の明るさや暖かさに着目し、個々の疑問を学級全体で共有する 〈15分〉

・1時目の鏡一枚と、複数枚の鏡で日光を的に当てている写真を提示し、子供自らが問題を見いだしやすくする。
「2枚の写真を比べて、疑問に思うことはあるかな」
・前時までの板書を提示し、日光の明るさと暖かさの関係について着目することができるようにする。

2 個人の問題を見いだし、それを基に学級の問題を設定する 〈10分〉

・個々の疑問の発表を基に、自分自身の問題を見いだし、ノートに記入する。
「ノートに自分の問題を書きましょう」
・教師は、学級の問題を設定する際に、あらかじめ想定していた学級の問題に繋がるように個々が発表した何人かの問題の言葉を紡いでいく。
「学級で解決する問題を考えましょう」

3 予想

方ほう

暖かさと明るさに着目しやすくする

・あたたかさ・明るさ
かがみがふえるほど、あたたかくなったり、明るくなったりする。
30 ／ 30　　　　30 ／ 30

考えた人数を板書する

予想の理由も板書する

・的当てゲームをしたときに、反しゃした日光がたくさん重なっている場所は、すごくまぶしかったから。

かがみのまい数がふえるほど明るかった

けっか

明るさについては文字で記入する

4

けつろん

かがみで反しゃした日光を集めるほど、日光が当たったところは明るく、あたたかくなる。

℃
100

50

0枚　1枚　3枚

---

3 予想を基に、日光の明るさや暖かさを調べる実験の計画を立て、実験する 〈35分〉

「予想と理由を書きましょう」

・前時までの光を重ねたら明るかったことや太陽の光を反射するなどの個々の経験を基に、暖かさに関する根拠のある予想や仮説を発想することができるようにする。

・鏡の枚数を何枚で実験するのかを全体で共有し、見通しをもって実験をすることができるようにする。

4 日光の明るさや暖かさについて、結果を基に結論を導き出す 〈30分〉

・考察の場面では、グラフにシールを貼り、視覚的に鏡の枚数による違いを捉えることができるようにする。

「今日の実験結果から、どんなことが言えるでしょう」

・次時につなげるために「もっと光を重ねたり、集めたりしたい」という子供の発言を取り上げ、全体に広める。

第⑤／⑥時

日光の明るさや暖かさについて、虫眼鏡を使って調べる

本時のねらい
・日光の集光について、虫眼鏡を使って集光する活動を通して、問題を見いだし、解決することができる。

本時の評価
・日光は直進し、集めたり反射させたりできることを理解している。知①
・物に日光を当てると物の明るさや暖かさが変わることを理解している。知②

準備するもの
・虫眼鏡（班数分）
・黒紙（班数分）

前の時間のふり返り

1
・もっと、光を集めるとどうなるんだろう。調べてみたいな。
・明るさやあたたかさはどうなるのだろう。
・光をたくさん集めるためには、たくさんのかがみを使えばいいのかな。

個々の子供の問題を紡いで学級の問題にする

問題 2

虫めがねを使って日光を集めると、日光が当たったところの明るさやあたたかさはどうなるのだろうか。

授業の流れ ▷▷▷

1 日光の集光に着目し、個々の疑問を学級全体で共有する 〈15分〉

・前時までの子供の発言を取り上げ「もっと、日光を集めてみたい」という子供の思いを引き出す。
・より日光を一箇所に集める方法として虫眼鏡を提示し「虫眼鏡を使って、よりたくさんの日光を集めるとどうなるだろう」と問いかけることで、子供自らが問題を見いだすことができるようにする。

2 日光の集光について個人の問題を見いだし、学級の問題を設定する 〈10分〉

・個々の疑問の発表を基に、自分自身の問題を見いだし、ノートに記入する。
「ノートに自分の問題を書きましょう」
・教師は、学級の問題を設定する際に、あらかじめ想定していた学級の問題に繋がるように個々が発表した何人かの問題の言葉を紡いでいく。
「学級で解決する問題を考えましょう」

3 予想

暖かさと明るさに
着目しやすくする

・あたたかさ　・明るさ
　よりあたたくなる　より明るくなる
　　30／30　　　　30／30

考えた人数を
板書する

かがみがふえるほど、あたたかくなっ
たり、明るくなったりから。

予想の理由も
板書する

方ほう

けっか

	明るさ	温度
虫めがね	虫めがねと くらべて、 すごく明るい （まぶしい）	○○度 〜 ○○度

4

できるだけ光を小さく集めると、
温度が高い

けつろん

虫めがねを使って日光を集めると、
日光を集めたところを小さくするほ
ど、日光が当たったところは明るく、
あたたかく（あつく）なる。

---

3 予想を基に、日光の集光について調べる
実験の計画を立て、実験する　〈35分〉

・集光した光を小さくしたほうがいいのか、大
　きくしたほうがいいのかについて確認する。

「問題に対しての予想と理由を書きましょう」

・放射温度計を使用し、集光した場所の温度を
　測定できるようにする。

・温度だけでなく、明るさの違いについても着
　目して実験できるようにする。

・安全な虫眼鏡の使い方を指導する。

4 日光の集光について、結果を
基に結論を導き出す　〈30分〉

・考察の場面では、前時の鏡による実験結果を
　拡大印刷し、鏡のときと比較して考察できる
　ようにする。

・光の形が大きい場合や楕円形の場合と小さい
　場合を写真で記録し、全体で視聴することで
　結論へとつなげる。

「問題に対して、今日の実験結果から、どんな
ことが言えるでしょう」

第⑦／⑧時

音と震えの関係について、楽器を使って調べる

本時のねらい

・音と震えとの関係について、楽器を使って音を出す活動を通して、問題を見いだし、解決することができる。

本時の評価

・音と震えとの関係について、楽器を使用し音を出す活動を通して、自分自身で問題を見いだし、表現している。思①
・音の性質について、解決の見通しをもち、粘り強く調べようとしている。態①

準備するもの

・音楽室にある楽器（可能なものは班数分）

ぎもんに思ったこと

1
・大だいこをたたいたとき、かわがぶるぶるとふるえている感じがしたよ。
・わゴムギターも、音が出るとき、わゴムがふるえているように見えたよ。
・音が出ているときに、どの楽きもふるえていたと思う。

> 個々の子供の問題を紡いで学級の問題にする

問題 **2**

音が出ているとき、
楽きはふるえているのだろうか。

授業の流れ ▷▷▷

1 音を出す活動から、音と震えの関係に着目し、個々の疑問を学級全体で共有する 〈15分〉

・音楽室にある楽器を使って音を出す共通体験を設定する。

「気付いたこと、疑問に思ったことを書きましょう」

・音楽室には叩く楽器（大太鼓や小太鼓など）、弾く楽器（コントラバス、輪ゴムギターなど）、擦る楽器（ギロなど）を準備しておく。

2 音と震えの関係について個人の問題を見いだし、学級の問題を設定する 〈10分〉

・共通点（震え）を基に、子供自らが問題を見いだすことができるようにする。

・個々の疑問の発表を基に、自分自身の問題を見いだし、ノートに記入する。

「ノートに自分の問題を書きましょう」

・ノートに記入した個々で考えた問題を、学級全体で発表し、学級として問題を設定する。

「学級で解決する問題を考えましょう」

3 予想

音と震えとの関係に着目しやすくする

予想の理由も板書する

・大だいこやわゴムギターのように、楽きは音が出るときふるえていると思うよ。
・音楽の時間に大だいこで音を出したとき、ふるえている気がしたから。

方ほう

・音が出ているときと出ていないときをくらべる。

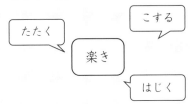

たたく　こする
楽き
はじく

けっか

	音が出ているとき	音が出ていないとき
大だいこ	○	×
小だいこ	○	×
コントラバス	○	×
わゴムギター	○	×
ギロ	○	×

4

けつろん

音が出るとき、楽きはふるえている。

○＝ふるえている ×＝ふるえていない

※　イラストをはってもよい。

---

3 予想を基に、音と震えの関係を調べる実験の計画を立て、実験する〈35分〉

「問題に対しての予想と理由を書きましょう」

・音が出ているときと出ていないときの様子について調べるといった実験の見通しをもつことによって、結果を共有する際に同じ視点を基に考察ができるようにする。
・直接手で触って調べた際の感触を感じることができるようにする。

4 音と震えの関係について、結果を基に結論を導き出す〈30分〉

・実験1で調べる楽器は、音と震えとの関係が比較的捉えやすい楽器にする（輪ゴムギター、コントラバス、大太鼓、小太鼓、ギロなど）。そうすることで、子供が音の震えとの関係に着目することができるようにする。

「問題に対して、今日の実験結果から、どんなことが言えるでしょう」

第 ⑨ 時

音と震えの関係について、楽器以外の物を使って調べる

（本時のねらい）
- 音と震えとの関係について、楽器や楽器以外の物を使って音を出す活動を通して、問題を見いだし、解決することができる。

（本時の評価）
- 音と震えとの関係について学んだことが、身の回りの物にも当てはまるか考えようとしている。態②

（準備するもの）
- 音楽室にある楽器（班数分）
- 子供たちが調べたい物で、検証可能な物（班数分）

ぎもんに思ったこと

1
- シンバルはふるえている？
- けんばんハーモニカはふく楽きだからふるえていない？
- 朝の会のときに使っているCDプレイヤーはどうだろう？

問題 **2**

今まで調べた楽きと同じように、他の物も音が出るときふるえているのかな。

（授業の流れ）▷▷▷

1 様々な物で音を出す活動から、個々の疑問を学級全体で共有する　〈8分〉

- 前時の実験結果を振り返り、「他の楽器や楽器以外はどうなのだろうか」といった子供の発言を取り上げ全体に広める。
- あるいは、「他の物は、音が出るときはどうだろう」と問いかけることで、本時の問題を見いだすことにつなげるようにする。

2 音と震えの関係についての個人の問題を見いだし、学級の問題を設定する　〈10分〉

- 個々の疑問の発表を基に、自分自身の問題を見いだし、ノートに記入する。
「ノートに自分の問題を書きましょう」
- ノートに記入した個々で考えた問題を、学級全体で発表し、学級として問題を設定する。
「学級で解決する問題を考えましょう」

予想

音と震えとの関係に着目しやすくする

予想の理由も板書する

結果の見通しをもつことができるようにする

・シンバルは、大だいこと同じたたく楽きだから、ふるえている。
・CDプレイヤーは電気を使った物だし、ふるえていない。
↓
全部ふるえていれば、音が出る時、物はふるえていると言える。

3 方ほう

・音が出ているときと出ていないときをくらべる（手）。

けっか

○楽き
・シンバル
・けんばんハーモニカ
○楽きいがいの物
・CDプレイヤー
・●●●

} ふるえていた

子供が調べたい物で、検証可能な物

写真やイラストを貼ってもよい

4 けつろん

音が出るとき、物はふるえている。

---

3 予想を基に、音と震えの関係を調べる実験の計画を立て、実験する〈12分〉

・子供たちの調べたい楽器や楽器以外の物に加えて、身近な楽器である鍵盤ハーモニカを使用して調べることができるようにする。
「楽器以外の物が震えていれば、問題に対してどんなことが言えそうかな」
・実験は2時目なので「○○の結果が出れば、□□の結論が言える」のような結果の見通しをもてるようにする。

4 音と震えの関係について、結果を基に結論を導き出す〈15分〉

・結論を導出する際、楽器や楽器以外の物はまとめてなんというかと問いかけ「物は」と一般化できるようにする。
「楽器や楽器以外の物を調べたけれど、まとめて何と言えばいいかな」
・音の大小と震え方の関係について気付く子供のつぶやきや発言があった場合は、後時につながるので、全体に広めておく。

第⑩時

音の大きさと震えの関係について、楽器を使って調べる

(本時のねらい)
・音の大きさと震えの関係について、楽器を使って音を出す活動を通して、問題を見いだし、解決することができる。

(本時の評価)
・音の大きさと震えの関係について、楽器を使って音を出す活動を通して、自分自身で問題を見いだし、表現している。思①

(準備するもの)
・音楽室にある楽器（班数分）

ぎもんに思ったこと

1 ・わゴムギターは、音の大きさでげんのふるえ方がかわる？
・大だいこを強くたたいたときは、手がはじかれるくらい、大きくふるえていた？

問題 2

音が大きいときと小さいときとで、物のふるえ方はちがうのだろうか。

(授業の流れ) ▷▷▷

1 音の大きさと震えの関係に着目し、個々の疑問を学級全体で共有する 〈10分〉

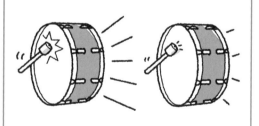

・音の大小と震え方の違いについての疑問を取り上げ、全体に広める。

＊太鼓自体のふるえに着目させ、空気振動にはふれない。

「音が出るときに物が震えていること以外にも、気付いたことや疑問はあるかな」

・大太鼓から音が出る様子を提示し、本時の問題を見いだすことができるようにする。

2 音の大きさと震えの関係について個人の問題を見いだし、学級の問題を設定する 〈8分〉

・個々の疑問の発表を基に、自分自身の問題を見いだし、ノートに記入する。

「ノートに自分の問題を書きましょう」

・可能であれば、光の性質を調べていた際の板書を拡大して掲示することで「○○するほど、○○なる」という量的・関係的な見方を自覚的に働かせることができるようにする。

「学級で解決する問題を考えましょう」

予想

・音が大きい→ふるえが大きい
　30／30
・音が小さい→ふるえが小さい
　30／30
・日光のときと同じように音が
　大きくなればなるほど、ふる
　えも大きくなると思うから。

3 方ほう

・音が大きいときと小さいときのふるえ
　方をくらべる（手で）。

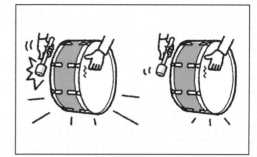

けっか

※ふるえが大きい＝○　小さい＝△
　　　　　　　　　　　　　　4

	音が大きい時	音が小さい時
大だいこ	○	△
小だいこ	○	△
コントラバス	○	△
わゴムギター	○	△
ギロ	○	△
シンバル	○	△
トライアングル	○	△
CDプレイヤー	○	△

けつろん

音の大きさがちがうとき、物のふるえ
方にはちがいがある。
音が大きいときは、物のふるえ方が大
きい。
音が小さいときは、物のふるえ方が小
さい。

3 予想を基に、音の大きさと震えの関係を調べる実験の計画を立て、実験する〈15分〉

「予想と理由を書きましょう」

・前時までの板書を提示することで、前時で調
　べた楽器の実験結果を基に、根拠のある予想
　や仮説を発想することができるようにする。
・CDプレイヤーを使用する場合は、低音が響
　くような曲を選曲するなど留意し、スピー
　カーの部分にふれてボリュームを切り替えて
　みると分かりやすい。

4 音の大きさと震えの関係について、結果を基に結論を導き出す〈12分〉

「実験結果から、どんなことが言えるでしょう」

・「音が小さいときはどうかな」と問いかける
　ことで「音が小さいときは震え方が小さい」
　と結論を導き出すことができるようにする。
・声の大きさを変えたとき、声帯の震え方に違
　いがあることに気付く子供のつぶやきや発言
　があった場合は、後時につながるので、全体
　に広めておく。

第⑪時

音の伝わり方について、糸電話を使って調べる

(本時のねらい)

・音の伝わり方について、糸電話を使って音を伝える活動を通して、問題を見いだし、解決することができる。

(本時の評価)

・糸電話を正しく扱いながら、音の伝わり方について分かりやすく記録している。知④

(準備するもの)

・糸電話（班数分）

ぎもんに思ったこと

1 ・同じように話しているんだけれど、声が聞こえたり聞こえなかったりするよ。
・どうして声が聞こえたり聞こえなかったりするのだろう？
・糸のたるみがかんけいしている？
・声の大きさがかんけいしている？

問題 2

糸電話の声（音）がつたわるときとつたわらないときのちがいは何かな。

(授業の流れ) ▷▷▷

1 糸電話の活動から、音の伝わり方に着目し、個々の疑問を学級全体で共有する 〈10分〉

・糸電話をつくり、声（音）を伝え合う共通体験を設定する。

「気付いたこと、疑問に思ったことを書きましょう」

・糸が長い糸電話を準備し、糸のたるみによって声（音）が聞こえたり聞こえなかったりすることで、子供自ら問題を見いだすことにつなげるようにする。

2 音の伝わり方についての問題を見いだし、学級の問題を設定する 〈8分〉

・個々の疑問の発表を基に、自分自身の問題を見いだし、ノートに記入する。

「ノートに自分の問題を書きましょう」

・前時の子供の気付きから、声も音の仲間ということを全体で確認する。

・ノートに記入した個々で考えた問題を、学級全体で発表し、学級として問題を設定する。

「学級で解決する問題を考えましょう」

予想

・声（音）が聞こえるとき
　糸がぴんとはっている？

・声（音）が聞こえないとき
　糸がたるんでいる？

音と震えとの関係に
着目しやすくする

3 方ほう

・音が聞こえるときと聞こえないときを
　くらべる。

さわってかくにん

けっか

・声（音）が聞こえるとき
　→糸がふるえていた

・声（音）が聞こえないとき
　→糸がふるえていない

4 けつろん

糸電話の声（音）がつたわるときは、
糸がふるえてつたわる。
つたわらないときは、ふるえていない。

3 予想を基に、音の伝わり方を調べる
実験の計画を立て、実験する〈15分〉

さわってかくにん

「問題に対しての予想と理由を書きましょう」

・長い糸電話に対し、四人か三人のグループで
　調べる。そうすることで、声を出す人と聞く
　人、糸の震えを調べる人と役割交換しながら
　調べることができるようにする。

・糸電話から聞こえてくる音とそうでない音の
　違いを確認し、反対の耳から聞こえた音を「聞
　こえた」と誤解しないことを全体で確認する。

4 音の伝わり方について、実験を
基に結論を導き出す　　　〈12分〉

・糸のたるみによって糸が震えていないかを確
　認し、音の伝わり方と震えの関係について結
　論を導き出すことができるようにする。

・様々な物を調べたことを振り返ることで「他
　の物はどうだろう」と考えることができるよ
　うにする。

「これまでに調べてきた物も音が伝わるとき、
震えているのかな」

第⑫時

音の伝わり方について、糸電話以外を使って調べる

本時のねらい

・音の伝わり方について、糸電話以外を使って音を伝える活動を通して、問題を見いだし、解決することができる。

本時の評価

・物から音が出たり伝わったりするとき、物は震えていることや、音の大きさが変わるとき物の震え方が変わることを理解している。知③

・音の伝わり方について、糸電話以外を使って音を伝える活動を通して、自分自身で問題を見いだし、表現している。思①

準備するもの

・糸電話（班数分）

・鉄棒や今まで調べた楽器や楽器以外の物で、検証可能な物で調べたい物（班数分）

---

1 | ぎもんに思ったこと

・鉄ぼうは鉄でできているから、聞こえなそう

・今まで調べてきた楽きや楽きいがいのものはどうだろう

問題 **2**

音がつたわるとき、音をつたえる物は、ふるえているのだろうか。

授業の流れ ▷▷▷

1 鉄棒の写真から、糸電話以外の音の伝わり方に着目し、個々の疑問を学級全体で共有する〈7分〉

・前時の板書を振り返ることで、本時の問題を見いだすことにつなげる。

・糸電話以外の音が伝わる物をイメージできない子供が多い場合は、鉄棒の写真を提示する。また、音を伝える部分が、糸電話では糸、鉄棒では鉄と素材の違いに着目できるようにすることで、子供自らが本時の問題を見いだすことにつなげる。

2 音の伝わり方についての個人の問題を見いだし、学級の問題を設定する〈8分〉

・これまでに調べた音の伝わり方について、糸の震えに着目するような振り返り場面を設定する。

・楽器以外の物に糸をつなげて、糸の震えで判断できるようにする。

「鉄棒の場合、音はどのように伝わるのかな」

「学級で解決する問題を考えましょう」

音と震えとの関係に
着目しやすくする

考えた人数を
板書する

子供が調べたい物で、
検証可能な物

予想の理由も
板書する

予想

・鉄ぼう
　ふるえている　　　　　30／30
・トライアングル
　ふるえている　　　　　30／30
・かいだんの手すり　　　30／30
　糸電話もふるえていたから

3 方ほう

・音がつたわるときとつたわらないとき
をくらべる（手で）。

けっか **4**

・鉄ぼう
　ふるえている
・トライアングル
　ふるえている
・かいだんの手すり
　ふるえている

けつろん

音がつたわるとき、
音をつたえる物はふるえている。

---

3 予想を基に、音の伝わり方を調べる
実験の計画を立て、実験する〈15分〉

「予想と理由を書きましょう」

・前時までの板書を確認することで、前時で調
べた楽器の実験結果を基に、根拠のある予想
や仮説を発想することができるようにする。
・鉄棒を調べる際は、声ではなく棒などで叩い
て調べることを全体で確認する。
・棒などで叩く際は、強く叩くと耳を痛める場
合があるため、最初は弱く叩くようにする。

4 音の伝わり方について、結果を
基に結論を導きだす　　〈15分〉

・本時の板書を振り返り、糸電話についての実
験結果、鉄棒での実験結果、楽器や楽器以外
の物につけた糸で調べた実験結果すべてを踏
まえて結論を導き出し、一般化を図ることが
できるようにする。

「これまでの実験結果から、どんなことが言え
るでしょうか」

4 磁石の性質　A(4)　10時間扱い

単元の目標

　磁石を身の回りの物に近付けたときの様子に着目して、それらを比較しながら、磁石の性質について調べる活動を通して、それらについての理解を図り、観察、実験などに関する技能を身に付けるとともに、主に差異点や共通点を基に、問題を見いだす力や主体的に問題解決しようとする態度を育成する。

評価規準

知識・技能	思考・判断・表現	主体的に学習に取り組む態度
①磁石に引き付けられる物と引き付けられない物があることや、磁石に近付けると磁石になる物があることを理解している。 ②磁石の異極は引き合い、同極は退け合うことを理解している。 ③磁石の性質について、器具や機器などを正しく扱いながら調べ、それらの過程や得られた結果を分かりやすく記録している。	①磁石の性質について、差異点や共通点を基に、問題を見いだし、表現するなどして問題解決している。 ②磁石の性質について、観察、実験などを行い、得られた結果を基に考察し、表現するなどして問題解決している。	①磁石の性質についての事物・現象に進んで関わり、他者と関わりながら問題解決しようとしている。 ②磁石の性質について学んだことを学習や生活に生かそうとしている。

単元の概要

　本単元は、大きく4つの次に分かれており、1次では「磁石に引き付けられる物は鉄でできていること」、2次では「磁石の異極は引き合い、同極は退け合うこと」、3次では「磁石に近付けると磁石になる物があること」について学習する。そして、4次で磁石の性質を生かしたおもちゃ作りをする。

　1次では、子供の身の回りにある物や教室内の物に磁石を近付けたときの様子に着目し、材質や磁石の強さについて調べる実験に取り組むことで、観察・実験技能を身に付けたり磁石は鉄を引き付けることを捉えたりすることができるようにする。

　2次では、磁石の極に着目し、同極同士・異極同士を近付けたときの様子を比較することで、磁石の極に関する性質を捉えることができるようにする。

　3次では、磁石に引き付けたクリップを磁石から外したあとも磁石同様の性質をもっていることに気付き、別の鉄の物を引き付けたり方位磁針の針を引き付けたりするのか、磁石と比較しながら実験することで、観察・実験技能を身に付けたり、鉄も磁石同様の性質をもつが限定的なものであることを捉えたりすることができるようにする。

　4次では、磁石の性質を生かしたおもちゃ作りをすることで、学んだ磁石の性質について振り返り、自分の学びを深めることができるようにする。

指導のポイント

(1) 本単元で働かせる「見方・考え方」

　磁石の性質について、主に「質的・実体的」な見方を働かせ、身の回りにある物や磁石に磁石を近付けたときの様子について調べる活動を通して、「磁石を近付けたとき、引き付けられる物と引き付けられない物がある」ことや、「磁石を近付けたとき、磁石に引き付けられる物の中には磁石になる物があり、磁石によって引き付けられる力が違う」ことなどを捉えるようにする。

　また、第3学年で重視される「比較」という考え方を働かせ、身の回りにある物や磁石に磁石を近付けたときの様子との関係について問題を見いだすことができるようにする。

(2) 本単元における「主体的・対話的で深い学び」

　「主体的な学び」として、一人一人が磁石を用いて身の回りにある物や磁石に磁石を近付けて調べる中で、自分自身で問題を見いだし予想したことを確かめていく。また、「対話的な学び」として、自分の調べた結果から分かることをノートにまとめることや、友達の考えと比べて話し合う。身の回りにある物や磁石との学習においてこのような「主体的・対話的な学び」を繰り返すことで、新しい知識や概念がつくられ「深い学び」につながっていく。

指導計画（全10時間）　詳細の指導計画は 💿 04-01参照

次	時	主な学習活動	評価
1	1・2	○磁石を身の回りの物に近付け、磁石に引き付けられる物の共通点を捉える。 **実験1** 磁石に引き付けられる物の材質に着目し、磁石を近付けたときの様子を比較しながら調べる。	知①・思①
	3・4	○鉄と磁石の間が離れていても物を引き付けることができるのか調べる。 **実験2** 糸で固定したクリップに磁石を近付けたときの様子や、磁石とクリップの間にプラスチックのカップを挟み、カップの数を変えたときのクリップの数の違いを比較しながら調べる。	知③・思②
2	5・6	○極の性質を調べる。 **実験3** 磁石の同じ極同士、違う極同士を近付けたときの様子を比較して調べる。	知②
3	7・8	○磁石に近付けた鉄は磁石になるのか調べる。 **実験4** 磁石に引き付けたクリップが、別の鉄の物を引き付けたり方位磁針の針を引き付けたりするのか様子を比較しながら調べる。	知①・態①
4	9・10	○磁石の性質を生かして、おもちゃを作る。	態②

第①／②時

どのような物が磁石に
引き付けられるのか調べる

本時のねらい
・どのような物が磁石に引き付けられるのか、身の回りの物の素材に着目して調べることができる。

本時の評価
・身の回りにある物は、磁石に引き付けられる物と引き付けられない物があることを理解している。知①
・磁石に引き付けられる物はどのような物なのか磁石を使って問題を見いだしている。思①

準備するもの
・丸型磁石	・ビー玉
・鉄釘	・ペットボトル
・アルミニウム箔	・わりばし
・輪ゴム	・はさみ
・段ボール紙	・クリップ
・紙コップ	・アルミニウム缶
・プラスチックカップ	・スチール缶

1 あそんで分かったこと
○教室のドア　○つくえのあし
○いすのあし　○じしゃくのかた面

○黒板・・・プリントが間にあっても○

○画びょう　　○名ふだのピン
×名ふだ　　　×教科書
×じしゃくのかた面　　×消しゴム
×えんぴつ　　　×まどのガラス

2 問題

どのようなものが
じしゃくに引きつけられる
のだろうか。

3 予想　・かたい物　　・金ぞく
・キラキラしているもの

授業の流れ ▷▷▷

1 丸型磁石で自由に遊び、気付いたことや不思議に思ったことを発表する 〈30分〉

・磁石を使って、自由に遊ぶ。
「磁石に付く物や付かない物があったようですね。磁石に付くことを、『磁石に引き付けられる』といいます」
「どのような物や所が引き付けられましたか。また、どのような物や所が引き付けられませんでしたか」
・遊びながら見つけたことを発表する。

2 共有した発見や疑問から、個人の問題を見いだし、学級の問題を設定する 〈15分〉

・磁石遊びから疑問に思ったことをノートに書く。
・疑問を発表する。
・磁石に引き付けられる物はどのような物なのか、問題を見いだし、ノートに書く。
・学級全体で個人で考えた問題を発表し、学級の問題を設定する。

けっか

じしゃくに 引きつけられたもの	じしゃくに 引きつけられなかったもの
くぎ（てつ） はさみ（切るところ） クリップ あきかん（スチール）	アルミニウムはく　わゴム だんボール紙　紙コップ プラスチックカップ　ビー玉 ペットボトル　わりばし はさみ（もつところ） あきかん（アルミニウム）

引きつけられたもの・
ところ

引きつけられなかった
もの・ところ

こうさつ

・引きつけられるものは金ぞくではない、
・じしゃくに引きつけられるものは、てつ。

方法

じしゃくに引きつけられるか
引きつけられないかしらべる。

4 けつろん

じしゃくに引きつけられるものは、てつでできたもの
で、そのほかのものはじしゃくに引きつけられない。

---

3 予想を立て、実験方法を考えて実験
し、結果について話し合う〈35分〉

「予想を発表しましょう」
・磁石を身の回りにある物に近付けて、引き付
けられるかどうか調べればよいことを確認す
る。
・素材ごとに結果の見通しをもって実験する。
・磁石に引き付けられた物・引き付けられな
かった物を発表する。

4 問題に対する答えをまとめる
〈10分〉

「この実験結果から、どのようなことが分かり
ますか」
・磁石に引き付けられる物は鉄でできているこ
とをまとめる。

第③/④時

磁石と鉄の間が離れていても引き付けられるのか調べる

本時のねらい

・磁石と鉄の間に磁石に引き付けられない物があっても、磁石は鉄を引き付けることができるのか、磁石の力に着目して調べることができる。

本時の評価

・磁石やプラスチックカップ、クリップなどを使って、実験の結果を分かりやすく記録している。知③
・磁石と鉄の間が離れていても磁石は鉄を引き付けることができるのか、実験の結果を基に考察している。思②

準備するもの

・棒磁石　　　　・たこ糸
・コピー用紙　　・セロハンテープ
・丸型磁石　　　・プラスチックカップ
・クリップ
・空き缶が磁石に引き付けられている写真

1

黒板と磁石の間に紙がある状態

じしゃくを近づけると、いきおいよくものを引きつける

問題

じしゃくとてつのきょりがかわると、じしゃくがてつを引きつける力はかわるのだろうか。

2

予想

かわる

・だんボール紙はとめられなかった。
・じしゃくをちかづけると、いきおいがある。
・とおいところだと、じしゃくに引きつけられない。

授業の流れ ▷▷▷

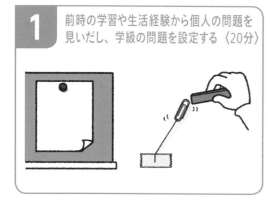

1 前時の学習や生活経験から個人の問題を見いだし、学級の問題を設定する〈20分〉

・前時の学習や、生活経験を想起する。
「豆電球の学習では、塗料のあるところは電気を通しませんでしたね」
・端をとめたクリップに磁石を近付けると、面白い動き方をすることを体験する。
・疑問に思ったことをノートに書き、発表する。
・磁石と鉄の距離が変わると、鉄を引き付ける力も変わるのだろうか」などの疑問が想定される。

2 問題に対する予想を立て、実験方法について話し合う〈25分〉

・距離が近くなる・遠くなるとどうなるのかだけでなく、どうしてそう考えたのか、理由も考える。
「ペアの友達と、予想を話し合いましょう」
「自分の予想を発表しましょう」
・磁石と鉄の間に磁石に引き付けられない物を挟み、その数を増やしたときの様子や、磁石の数を増やしたときの様子について調べることを確認する。

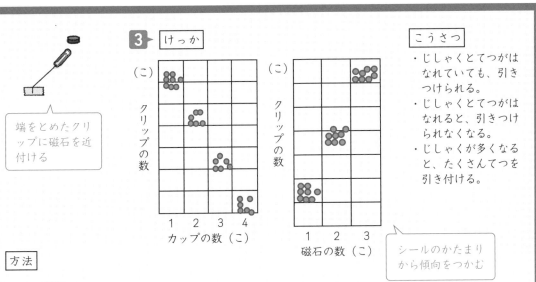

3 | けっか

クリップの数 （こ）

カップの数（こ）
1 2 3 4

クリップの数 （こ）

磁石の数（こ）
1 2 3

端をとめたクリップに磁石を近付ける

シールのかたまりから傾向をつかむ

こうさつ
- じしゃくとてつがはなれていても、引きつけられる。
- じしゃくとてつがはなれると、引きつけられなくなる。
- じしゃくが多くなると、たくさんてつを引き付ける。

方法

プラスチックカップ・じしゃくの数をかえて

4 | けつろん

じしゃくとてつのきょりが近くなるとてつを引きつける力は強くなり、じしゃくとてつのきょりがはなれるとてつを引きつける力は弱くなる。

3 実験し、結果をまとめたり交流したりする 〈35分〉

- 「量的・関係的」な見方を働かせて実験する。
- プラスチックカップの数を変えたり磁石の数を変えたりしてクリップが引き付けられる数を調べる。
- 調べた結果をドット図にまとめる。

「ドット図から、どのようなことが分かりますか」

4 問題に対する答えをまとめる 〈10分〉

- 磁石と鉄の距離が近付くと、磁石を引き付ける力は強くなり、磁石と鉄の距離が離れると、磁石を引き付ける力が弱くなることをまとめる。

第⑤／⑥時

磁石の極同士を近付けると
どのようになるのか調べる

(本時のねらい)
・磁石の同極・異極同士を近付けると、同極同士だと退け合い、異極同士だと引き合うことを捉えることができる。

(本時の評価)
・磁石の同極・異極同士を近付けたときの様子を調べ、異極同士は引き合い、同極同士は退け合うことを理解している。知②

(準備するもの)
・棒磁石
・クリップ
・U型磁石
・たこ糸

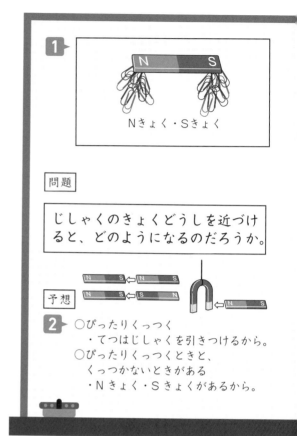

(授業の流れ) ▷▷▷

1 磁石の極について知り、個人の問題を基に、学級の問題を設定する 〈25分〉

・クリップの入った容器に棒磁石を入れ、端にクリップが引き付けられる様子を観察する。

「端の、クリップがたくさん引き付けられているところを極と言います」

・極には2種類あることを知る。
・自分の磁石で極を確かめる。
・「極同士を近付けるとどうなるのだろうか」という学級の問題を見いだしたい。

2 実験方法を考える 〈20分〉

・棒磁石同士の極の組み合わせを変えて、近付けたときの様子を比べながら調べることを確認する。
・ひもでぶら下げ、自由に動くようにしたU型磁石のN極・S極に、棒磁石のN極・S極を近付けたときの様子を比べながら調べることを確認する。

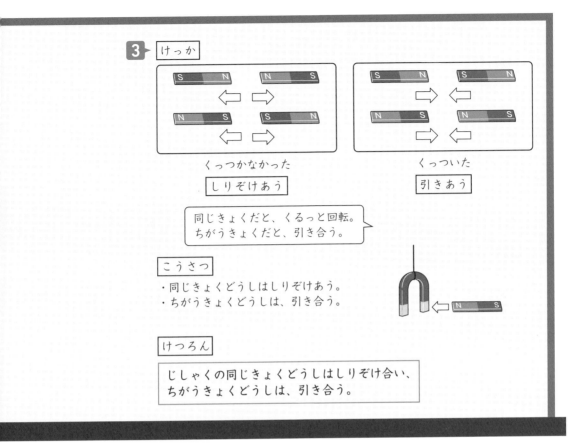

3 けっか

くっつかなかった
しりぞけあう

くっついた
引きあう

同じきょくだと、くるっと回転。
ちがうきょくだと、引き合う。

こうさつ
・同じきょくどうしはしりぞけあう。
・ちがうきょくどうしは、引き合う。

けつろん

じしゃくの同じきょくどうしはしりぞけ合い、
ちがうきょくどうしは、引き合う。

---

3 実験し、結果を交流する 〈35分〉

・棒磁石同士の極の組み合わせを変えて、近付
けたときの様子を比べながら調べる。
・自由に動くようにしたU型磁石のN極・S
極に、棒磁石のN極・S極を近付けたとき
の様子を比べながら調べる。
・磁石の極同士がくっつくことを「引き合
う」、極同士がどうやっても付かないことを
「退け合う」ということを知る。

4 問題に対する答えをまとめる 〈10分〉

「今日の学習で分かったことをまとめましょう」
・磁石の異極同士は引き合い、同極同士はしり
ぞけ合うことをまとめる。

第⑦／⑧時

磁石に近付けた鉄が磁石の性質をもつのか調べ、きまりを捉える

（本時のねらい）
・棒磁石の端に引き付けられたクリップに別の
　クリップが付く様子から、磁石に引き付けら
　れた鉄が磁石の性質をもつのか調べることが
　できる。

（本時の評価）
・磁石に引き付けられた鉄が磁石の性質をもつ
　ことを理解している。知①
・磁石の性質について、友達と考えを話し合い
　ながら、問題解決しようとしている。態①

（準備するもの）
・棒磁石
・クリップ
・鉄釘
・プラスチックカップ
・砂鉄
・方位磁針

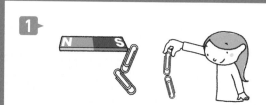

1

てつがじしゃくになる？

問題

じしゃくに近づけたてつは、
じしゃくになるのだろうか。

2 予想

○じしゃくになる
→てつを引きつけることができるはず。
→Nきょく・Sきょくがあるはず。
○ずっとじしゃくではない
→前じっけんしたクリップは
　クリップのままだから。

（授業の流れ）▷▷▷

1 個人の問題を見いだし、
　　学級の問題を設定する 〈25分〉

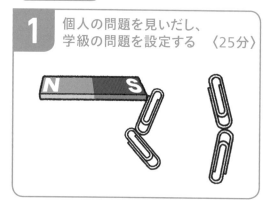

・棒磁石の先にクリップが連なって引き付けら
　れ、それを磁石から外してもクリップが連
　なっていることを体験する。
・疑問や考えたことをノートに書き、発表す
　る。
・個人の問題を基に、学級の問題を設定する。
磁石に近付けた鉄は、磁石になるのだろうか。

2 予想し、実験方法を考える
　　　　　　　　　　　　　 〈20分〉

・「磁石になる」「ならない」だけでなく、磁石
　になるのならどうやって確かめられるのか、
　既習内容を想起して考える。
「ペアの友達と、予想を話し合いましょう」
・磁石に引き付けられた鉄が磁石の性質をもつ
　ことになるのであれば、他の鉄でできた物を
　引き付けることができるか調べたり、何度も
　繰り返して調べたりすることを確認する。

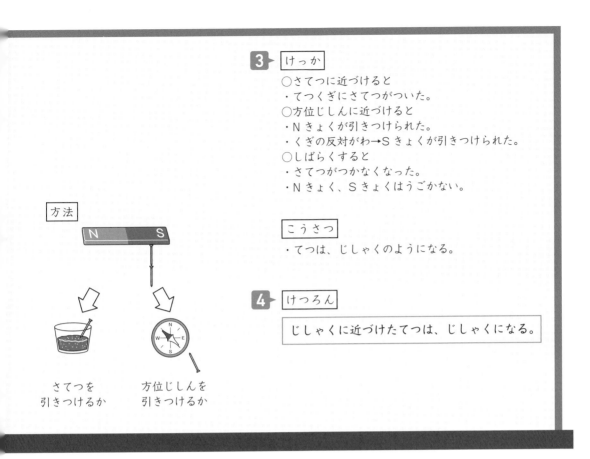

3 けっか

○さてつに近づけると
・てつくぎにさてつがついた。
○方位じしんに近づけると
・Ｎきょくが引きつけられた。
・くぎの反対がわ→Ｓきょくが引きつけられた。
○しばらくすると
・さてつがつかなくなった。
・Ｎきょく、Ｓきょくはうごかない。

方法

さてつを
引きつけるか

方位じしんを
引きつけるか

こうさつ

・てつは、じしゃくのようになる。

4 けつろん

じしゃくに近づけたてつは、じしゃくになる。

3 実験し、結果を交流する　〈35分〉

・方位磁針には、鉄釘の先だけでなく頭のほう
　も近付け、どのようになるのか調べる。
「釘の頭の方を近付けるとどうなるのか、調べ
てみましょう」
・実験に使った鉄釘をしばらく放置しておき、
　磁力を帯びているのか調べる。

4 問題に対する答えをまとめる　〈10分〉

「今日の学習で分かったことをまとめましょう」
・磁石に引き付けられた鉄は磁石の性質を帯び
　ることをまとめる。

第 ⑨ ／ ⑩ 時

磁石の性質を生かしたおもちゃを作り、友達とおもちゃで遊ぶ

（本時のねらい）

・磁石の性質について学んだことを振り返り、磁石の性質を生かしたおもちゃ作りをすることで、磁石の性質についての理解をより深めることができる。

（本時の評価）

・磁石を使ったおもちゃ作りをすることで、磁石の性質について学んだことを生活に生かそうとしている。態②

（準備するもの）

・棒磁石　　　　　　　・１円玉
・丸形磁石　　　　　　・10円玉
・マグネットシート　　・セロハンテープ
・画用紙　　　　　　　・たこ糸
・クリップ　　　　　　・紙コップ
・おはじき　等

1　これまでのふり返り

・鉄を引きつける。
・じしゃくと鉄がはなれていても、引きつけることができる。
・Ｎきょくとうきょくがある。
・同じきょくはしりぞけ合う。

2　めあて

じしゃくのせいしつをいかした、楽しいおもちゃを作ろう。

（授業の流れ）▷▷▷

1　磁石の性質について学んだことを振り返る　〈10分〉

○磁石は鉄を引き付けること。

○磁石と鉄の間に引き付けられない物があっても鉄を引き付ける場合があること。

○磁石によって強さが違うこと。

○磁石には極があり、異極同士は引き合うが同極同士は引き合わないこと。

○磁石に引き付けられた鉄は、磁石の性質を一時期帯びること。

2　磁石の性質を生かしたおもちゃを作る　〈50分〉

「磁石のことについて、とてもくわしくなりましたね」

「勉強して分かった磁石を使って、楽しく遊べるおもちゃを作りましょう」

・教師の提示したおもちゃを参考に、磁石の性質を生かしたおもちゃ作りをする。

3

魚つりゲーム

モール人形で
スケート

めいろ

4 作って・遊んで

・じょうずにできた。
・また遊びたい。
・じしゃくはおもしろい。

3 作ったおもちゃを友達に紹介したり、友達の作ったおもちゃで遊んだりする 〈25分〉

・友達の作ったおもちゃのよいところを見つけながら遊ぶ。
・教師も、よいところを見つけたら称賛するようにする。
「磁石の性質をうまく利用していますね」
「おもしろい工夫ですね」

4 学習について振り返る 〈5分〉

・磁石の性質を生かしたおもちゃ作りや、作成したおもちゃで遊んだ感想を出し合う。
「自分で作ったおもちゃや、友達が作ったおもちゃで遊んで、どんなことを考えましたか」

5 電気の通り道　A(5)　(8時間扱い)

　乾電池と豆電球などのつなぎ方と乾電池につないだ物の様子に着目して、電気を通すときと通さないときのつなぎ方を比較しながら、電気の回路について調べる活動を通して、それらについての理解を図り、観察、実験などに関する技能を身に付けるとともに、主に差異点や共通点を基に、問題を見いだす力や主体的に問題解決しようとする態度を育成する。

評価規準

知識・技能	思考・判断・表現	主体的に学習に取り組む態度
①電気を通すつなぎ方と通さないつなぎ方があることを理解している。 ②電気を通す物と通さない物があることを理解している。 ③電気の回路について、器具や機器などを正しく扱いながら調べ、それらの過程や得られた結果を分かりやすく記録している。	①電気の回路について、差異点や共通点を基に、問題を見いだし、表現するなどして問題解決している。 ②電気の回路について、観察、実験などを行い、得られた結果を基に考察し、表現するなどして問題解決している。	①電気の回路についての事物・現象に進んで関わり、他者と関わりながら問題解決しようとしている。 ②電気の回路について学んだことを学習や生活に生かそうとしている。

単元の概要

　1次では、「電気を通すつなぎ方と通さないつなぎ方があること」 2次では、「電気を通す物と通さない物があること」について学習する。

　単元のねらいは、乾電池と豆電球と導線を使い、豆電球が点灯するつなぎ方と点灯しないつなぎ方の様子に着目して、差異点や共通点を基に、問題を見いだす力や主体的に問題解決しようとする態度を育成することである。具体的には電気を通すときと通さないときのつなぎ方を比較しながら、電気の回路について調べる活動を行う。

　第1次では、子供たちに単元通した問題を見いだすことができる導入を行う。そのために、手を重ねると明かりが付く回路を隠したおもちゃを提示する。このことで、電気の通り道に着目させ、「回路になっているときのみ明かりがつくのか」「導線の形が変わっても明かりがつくのか」などの関係を比較しながら調べる活動を通して、豆電球が点灯するつなぎ方を理解していくようにする。実験を行っていく際には、「何と何を比べているのか」について子供にしっかり意識させて、見通しをもって実験に臨むようにする。

　第2次では、第1次の学びを生かして、身近にあるいろいろな物をつなぎ、豆電球が点灯するときとしないときのつなぐ物に着目できるようにする。そのために、単元導入で提示したおもちゃを再度提示し、手と手を重ねた部分に着目させる。実験では、「金属やプラスチック」などの材質の関係を比較しながら調べる活動を通して、物には電気を通す物と通さない物があることを理解していくようにする。また、単元の最後には、身近な物である懐中電灯の修理や、回路を利用したものづくりを通して、実生活との関連を図りながら追究する態度を育てる。

⑴本単元で働かせる「見方・考え方」

電気の回路について、主に、「量的・関係的」な見方を働かせ、電気を通すときと通さないときのつなぎ方を調べる活動を通して、導線のつなぎ方で、点灯したりしなかったりする」ことや、「電気は通す物と通さない物がある」ことなどを捉えるようにする。

また、第3学年で重視される「比較」という考え方を働かせ、電気を通すものと通さないものとの関係について問題を見いだすことができるようにする。

⑵本単元における「主体的・対話的で深い学び」

「主体的な学び」として、電気の回路について、電気を通すつなぎ方や、電気を通すものを調べる中で、自分自身で問題を見いだし予想したことを確かめていく。また、「対話的な学び」として、基本の回路を基に、予想を文や絵図でノートに書いたものを交流したり、自らの考えをさらに深めたり、結果を納得するまで検討していく。そして、電気の通り道の学習においてこのような「主体的・対話的な学び」を繰り返すことで、新しい知識や概念がつくられ「深い学び」につながっていく。

指導計画（全8時間） 詳細の指導計画は 🔘05-01参照

次	時	主な学習活動	評価
1	1	○回路を隠したおもちゃを提示し、明かりがつく場合とつかない場合を見せることで、どうすれば明かりがつくのか興味をもち、仕組みについて話し合う。	（思①）
	2	**実験1** 電気を通すつなぎ方を、乾電池と豆電球を導線でつないで調べる。	知①・思②
	3・4	**実験2** 回路が「輪」以外の形状でも明かりがつくのか、導線の形を変えて調べる。 ○導線の形を変えても明かりがつくのかについて実験結果から考え、発表する。	知③・思②
2	5	**実験3** 回路の一部に身の回りにあるいろいろな物を入れたときに電気を通すのか調べる。	知②・思①
	6	**実験4** 懐中電灯の電気の通り道を調べて、明かりをつける。	態①
	7・8	**実験5** 明かりがつくきまりを生かして、豆電球を使ったおもちゃをつくる。 ○つくったおもちゃ交流会をする。	態②

第①時

どうすれば明かりがつくのか話し合う

(本時のねらい)
・手と手を重ねると明かりがつくおもちゃや懐中電灯を観察する活動を通して、問題を見いだすことができる。

(本時の評価)
・明かりがつくときのつなぎ方に着目し、自分自身で問題を見いだしてノートに表現している。(思①)

(準備するもの)
・豆電球おもちゃ（演示用）
・懐中電灯（班数分）
・実験道具の写真

(授業の流れ) ▷▷▷

1 豆電球が使われている生活場面について発表する　〈7分〉

・大型の豆電球を提示し、豆電球がどのような場所で使われているか発表する。

「どのような場所で豆電球を見かけますか」

・個人で考える時間を十分に確保し、今後の学習につなげる。

2 懐中電灯と豆電球を使ったおもちゃを提示し、導線のつながりに着目する　〈8分〉

・提示された豆電球を使ったおもちゃを基に、気付いたことを発表する。

・回路が見えないように明かりをつけるよう留意する。

「なぜ、明かりがついたのでしょうか」

・手をつないだときと明かりがつく関係に着目させることで、「原因と結果」という見方につなげる。

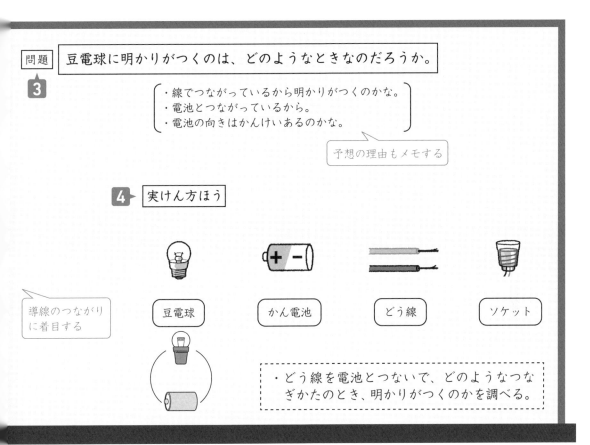

問題 | 豆電球に明かりがつくのは、どのようなときなのだろうか。

3

・線でつながっているから明かりがつくのかな。
・電池とつながっているから。
・電池の向きはかんけいあるのかな。

予想の理由もメモする

4 実けん方ほう

豆電球　　　かん電池　　　どう線　　　ソケット

導線のつながり
に着目する

・どう線を電池とつないで、どのようなつな
ぎかたのとき、明かりがつくのかを調べる。

3 懐中電灯を観察し、個人の問題を
基に学級の問題を設定する 〈15分〉

・回路のイメージが湧かない児童に対して、実
際に懐中電灯の点くときと点かないときを観
察し、導線がどのようにつながっているのか
に着目する。
・まず、子供自身の疑問や問題をノートに記入
し、学級の問題をつくる。
豆電球に明かりがつくのはどのようなときなの
だろうか。

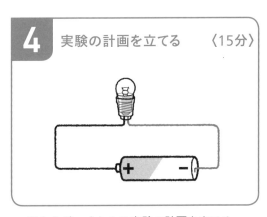

4 実験の計画を立てる 〈15分〉

・明かりがつくための実験の計画を立てる。
・実験道具のイラストを提示する。
・実験計画について、結果の見通しをもつよ
う、一人一人が予想や仮説を立て、各自の
ノートに記入する。
・次時に行う実験に向けて、実験方法を再確認
し、問題を検証することができる方法なのか
どうかを見直す。

第②時

電気を通すつなぎ方を、
導線をつないで調べる

（本時のねらい）
・電池、導線、豆電球をつなぐ実験を通して、回路になれば電流が流れて明かりがつくことを捉えることができる。

（本時の評価）
・電気を通すつなぎ方と通さないつなぎ方があることを理解している。知①
・共通点や差異点を基に、電気を通すつなぎ方と通さないつなぎ方について考察し、表現している。思②

（準備するもの）
・豆電球（人数分）
・導線付きソケット（人数分）
・乾電池（人数分・単三電池が良い）

問題 | 豆電球に明かりがつくのは、どのようなときなのだろうか。

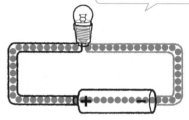

予想

・どう線が電気と豆電球とつながれば明かりがつく。
・全部がつながれば明かりがつくと思う。

（授業の流れ）▷▷▷

1 問題を確認し、どうすれば豆電球に明かりがつくのか予想する 〈10分〉

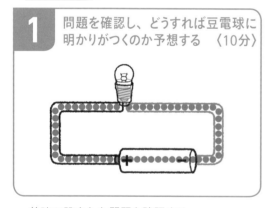

・前時に設定した問題を確認する。
・どうすれば豆電球に明かりがつくのか予想を絵や図で表す。
「図に導線を書き込み、様子を言葉で表しましょう」
・個人で考える時間を十分に確保し、全体で交流する。

2 豆電球に明かりがつくきまりを調べる 〈15分〉

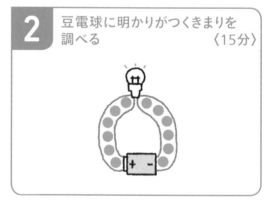

・豆電球、導線、乾電池を使って回路をつくる。
＊ショート回路にならないように必ず、豆電球をつなぐように留意する。
・個人実験する過程で、グループで交流しながら実験する。
・回路と明かりがつく関係に着目させることで、「原因と結果」という見方につなげる。

3 こうさつ

・電池の＋きょく、豆電球、電池の－きょくを「わ」のようにつなぐと回路ができ、電気が通って豆電球に明かりがつく。

けっか **2**

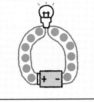

1班	2班
4班	5班

電気がながれて明かりがついた。

各班の結果のボードを掲示する

明かりはつく？

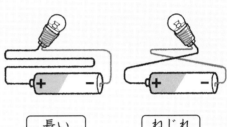

| 長い | ねじれ |

4 けつろん 電池の＋きょく、豆電球、電池の－きょくを「わ」のようにつなぐと明かりがつく。

---

3 実験の結果を基に、明かりがつくきまりについて考え、発表する 〈10分〉

・回路がイメージしやすいように、板書用の回路を使って全体交流する。
・子供自身の考察をノートに記入する。
・電池と導線のつなぐ場所など、子供の実験で気付いたことを出し合う。
「豆電球に明かりがつくのはどのようなときか発表してもらいます」

4 導線の形に着目し、明かりがつくきまりについて考えをまとめる 〈10分〉

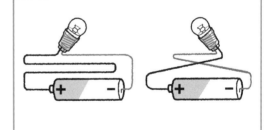

・各自が問題に対しての答えを、各自のノートに記入する。
「結果から分かったことを、問題に対する答えになるようにノートに書きましょう」
・考察をまとめる。
・どのような状態でも「わ」になっていれば明かりがつくのか次時に行う実験について見通しをもつ。

第③／④時

電気を通すつなぎ方を、導線の形状を比較しながら調べる

（本時のねらい）
・電池、導線、豆電球をつなぐ実験を通して、回路になれば電気が流れて明かりがつくことを捉えることができる。

（本時の評価）
・乾電池や豆電球を正しく扱いながら、実験の結果を分かりやすく記録している。知③
・導線の形状を変えた場合の電気を通すつなぎ方と通さないつなぎ方について、調べた結果を図に表し、表現している。思②

（準備するもの）
・豆電球（人数分）
・導線付きソケット（人数分）
・乾電池（人数分・単三電池が良い）
・ねじれた導線（人数分）

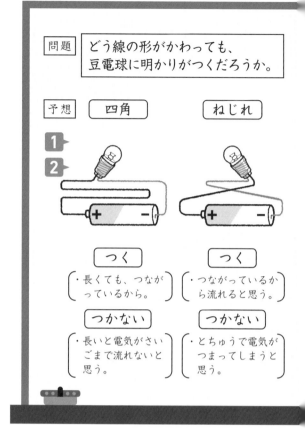

問題　どう線の形がかわっても、豆電球に明かりがつくだろうか。

予想　四角　　ねじれ

1
2

つく
・長くても、つながっているから。

つく
・つながっているから流れると思う。

つかない
・長いと電気がさいごまで流れないと思う。

つかない
・とちゅうで電気がつまってしまうと思う。

（授業の流れ）▷▷▷

1 形が「わ」ではない導線でも豆電球に明かりがつくのか、予想を話し合う〈20分〉

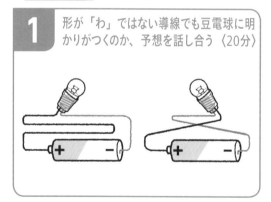

・前時の学習の終末を振り返り、形が「わ」ではなく、ねじれていたり、長くなっていたりする導線を提示し、導線の形が変わっても、豆電球に明かりがつくのか問題意識をもつ。
・ねじれていたり、長くなっていたりする導線に対しての予想を絵や図で表す。
「予想を絵や図、言葉で表しましょう」
・個人で考えてから、全体で交流する。

2 実験の計画を立て、準備をする〈25分〉

・豆電球、導線、乾電池を使って回路をつくる。
＊ショート回路にならないように、必ず豆電球をつなぐように留意する。
・個人で実験計画を書き、次の時間に実験できるようにする。

けっか

| 四角 | ねじれ |

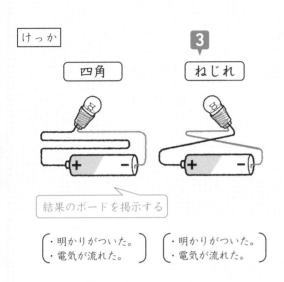

結果のボードを掲示する

・明かりがついた。
・電気が流れた。

・明かりがついた。
・電気が流れた。

けつろん
どう線の形にかんけいなく、
電気の通り道が一つの「わ」（回路）のとき明かりがつく。

こうさつ ④

・どう線が電池と豆電球と
　一本でつながれば明かりがつく。

・どう線がねじれていても
　電気は流れる。

・どう線が長くても電気は
　流れる。

---

3 実験を行い、結果を基に考え、発表する 〈30分〉

・回路がイメージしやすいように、板書用の回路を使って全体交流する。
・まず、子供自身の考察をノートに記入し、書いたことを発表する。

「豆電球に明かりがつくのはどのようなときだと分かったのか、発表してもらいます」

4 電気を通す物に着目し、どのようなときに明かりがつくのかをまとめる 〈15分〉

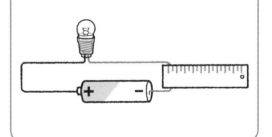

・問題に対しての答えを、各自がノートに記入する。

「結果から分かったことを、問題に対する答えになるようにノートに書きましょう」
・考察をまとめる。
・「わ」になればどのような物でも電気を通して明かりがつくのか次時に行う実験について見通しをもつ。

第⑤時

電気を通す物と通さない物を調べる

本時のねらい
- 電気を通す物を調べる実験を通して、金属は電気を通すことを捉えることができる。

本時の評価
- 電気を通す物と通さない物があることを理解している。知②
- 電気を通す物と通さない物について、差異点や共通点を基に、問題を見いだし、表現している。思①

準備するもの
- 簡易テスター（人数分）
- アルミニウム箔、はさみ、下じき、くぎクリップ（金属）、10円玉、1円玉、ノートはり金、わりばし、ガラスコップ（班の数）
- 材質ネームカード（掲示用）

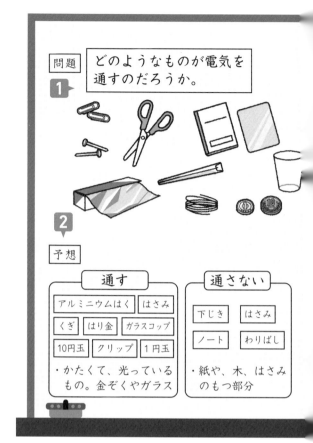

授業の流れ ▷▷▷

| 1 | 電気を通す物について、個人の問題を見いだし、学級の問題を設定する〈10分〉 |

- 前時の学習の終末を振り返り、回路上に電気を通さない物（ゴムなど）をはさんで、明かりがつかない事象提示を行い、疑問に思ったことをノートに記入する。

  どのようなものが電気を通すのだろうか。

- 班ごとに11個の物を入れたカゴを渡し手触りなど、十分に観察する時間を確保する。

| 2 | 電気を通す物についての予想を立て、発表する 〈5分〉 |

- 物での分類の中で材質に目を向ける。
- はさみについては、道具の中に材質が2つ存在することを伝える。
- 予想の分類の発表では、根拠も発表させる。

  「予想とその理由を発表しましょう」

- 回路と電気を通す物の関係に着目させることで、「原因と結果」という見方につなげる。

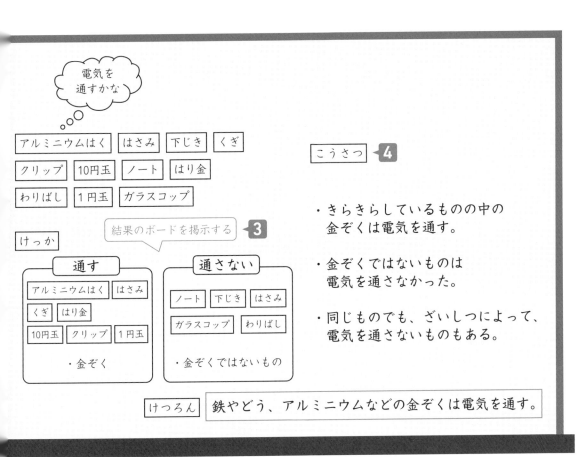

電気を通すかな

アルミニウムはく　はさみ　下じき　くぎ

クリップ　10円玉　ノート　はり金

わりばし　1円玉　ガラスコップ

こうさつ **4**

結果のボードを掲示する **3**

けっか

通す	
アルミニウムはく	はさみ
くぎ	はり金
10円玉	クリップ	1円玉
・金ぞく	

通さない	
ノート	下じき	はさみ
ガラスコップ	わりばし
・金ぞくではないもの	

・きらきらしているものの中の
　金ぞくは電気を通す。

・金ぞくではないものは
　電気を通さなかった。

・同じものでも、ざいしつによって、
　電気を通さないものもある。

けつろん　鉄やどう、アルミニウムなどの金ぞくは電気を通す。

3 実験を行い、結果を基に考え、
発表する　　　　〈20分〉

・回路がイメージしやすいように、板書用の材
　質ネームカードを使って全体交流する。
・まず、子供自身の考察をノートに記入し、書
　いたことを発表する。
・道具から材質に着目できるように、分類の板
　書を工夫する。
「電気を通す物は、これらの中から、どのよう
　なものか発表してもらいます」

4 電気を通す物について考えをまとめ、
次時への疑問を発表する　　〈10分〉

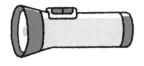

・問題に対しての答えを、各自がノートに記入
　する。
「結果から分かったことを、問題の答えになる
　ようにノートに書きましょう」
・金属が電気を通す物であるきまりから、単元
　の導入で提示した懐中電灯の仕組みにつなげ
　る。

第⑥時

明かりがつかない懐中電灯を明かりがつくようにする

本時のねらい

・懐中電灯に明かりがつかない原因を考え、身の回りの道具でも、回路になれば電流が流れて明かりがつくことを捉えることができる。

本時の評価

・これまでの学習を生かし、懐中電灯に明かりがつかない原因を意欲的に調べようとしている。態①

準備するもの

・明かりがつく懐中電灯（人数分・同じ形状のもの）
・明かりがつかない懐中電灯（人数分・3パターン）
・乾電池（人数分・単三電池が良い）
・懐中電灯の回路図

問題 1 明かりがつかなくなった、かいちゅう　明かりがつくようになるのだろうか。

2 予想　　　　　　　　　原いん

・回路がとちゅうで切れていて電気が流れていない。

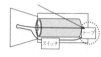
・回路のとちゅうに、電気が流れないものがはさまっている。

・電池と、どう線の間にすきまがある。

考えられる原因と対応した方法を記述する

授業の流れ ▷▷▷

1 明かりがつかない懐中電灯から個人の問題を見いだし、学級の問題を設定する 〈10分〉

・本時までに学んだ「豆電球に明かりがつく仕組み」を発表する。

「どんなときに、豆電球に明かりはつくのでしたか発表しましょう」

・明かりがつかない懐中電灯を提示し、どうにかして修理できないか問う。

・電池残量は十分にあることは伝えておく。

2 なぜ懐中電灯に明かりがつかないのか、予想を立てる 〈5分〉

・なぜ豆電球に明かりがつかないかの予想を絵や図で表す。

「明かりがつかない原因を図に書き込み、様子を言葉で表しましょう」

・個人で考える時間を十分に確保する。

・懐中電灯の共通の回路図は提示する。

電とうは、どうすれば

身の回りの道具であっても概念が適用できることの結論に導いていく

けつろん

回路ができるように電気の通り道をつくれば
電気がながれ、明かりをつけることができる。

方ほう

3 けっか

4 こうさつ

・どう線か豆電球を
　つけかえて
　回路になるようにする。

・豆電球をつけかえたら
　明かりがついた。

・豆電球の中の
　どう線部分も
　つながっているか
　たしかめる。

・電気が流れないものを
　とりのぞく。

・電気が流れないものを
　とりのぞいたら明かりが
　ついた。

・電池と、どう線の間に
　金ぞくを入れてつなげる。

・電池と、どう線の間に
　金ぞくを入れたら明かりが
　ついた。

・通り道に金ぞくでは
　ないものがあったら
　とりのぞくと電気が
　流れて明かりがつく。

---

3 実験を行い、結果を絵や図、
言葉で表す 〈20分〉

・豆電球、導線、乾電池を使って回路をつく
　る。

＊ショート回路にならないように必ず、豆電球
　をつなぐように留意する。

・個人実験する過程で、修理箇所が個々で違う
　ため、グループで交流しながら実験する。

・回路と明かりがつく関係に着目させること
　で、「原因と結果」という見方につなげる。

4 問題に対して、明かりがつく
きまりをまとめる 〈10分〉

・各自が問題に対しての答えを、各自のノート
　に記入する。

「結果から分かったことを、問題の答えになる
ようにノートに書きましょう」

・身の回りの道具であっても、回路になってい
　れば明かりがつくことを理解する。

第⑦／⑧時

明かりがつくきまりを
生かしておもちゃを作る

（本時のねらい）
・明かりがつくきまりを利用し、おもちゃを作ることができる。

（本時の評価）
・電気の回路について学んだことをおもちゃ作りに生かそうとしている。態②

（準備するもの）
・豆電球（人数分）
・ソケット付き導線（人数分）
・乾電池（人数分・単三電池が良い）
・紙コップ（人数分）
・厚紙（人数分）
・スイッチ（人数分）

ふりかえり **1**

・回路になっている。
・電気が流れることが大事だね。

めあて

明かりがつく仕組みを使ったおもちゃを作ろう。

・豆電球、電池、どう線があればつくれるよ。

2 今までの学習と、ものづくりの仕組みをつなげる

（授業の流れ）▷▷▷

1 今までの学習を想起する〈3分〉

・今までの学習を、掲示物と共に振り返る。
・単元の導入でみんなで話し合ったゴールを振り返る。

「明かりがつく仕組みを使って、何をしていきたいですか」

2 学習の見通しを話し合う〈7分〉

・前時の懐中電灯を修理した経験を想起して、どのようなものを作ってみたいのか発表する。

「明かりがつく仕組みを使って、どんなものを作ってみたいですか」
・みんなで作りたいものを共有した後、材料を確認する。

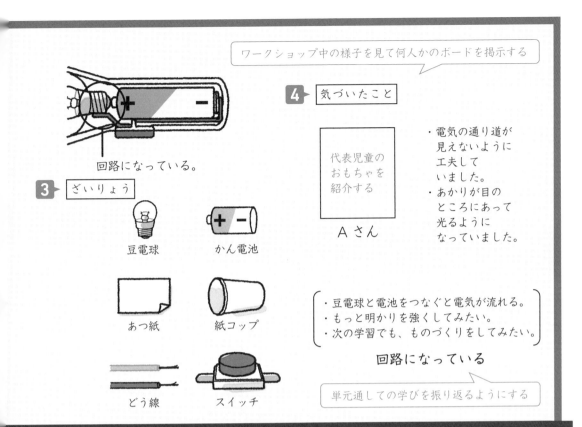

3 ざいりょう

豆電球

かん電池

あつ紙

紙コップ

どう線

スイッチ

回路になっている。

ワークショップ中の様子を見て何人かのボードを掲示する

4 気づいたこと

代表児童の
おもちゃを
紹介する

Ａさん

・電気の通り道が
見えないように
工夫して
いました。
・あかりが目の
ところにあって
光るように
なっていました。

・豆電球と電池をつなぐと電気が流れる。
・もっと明かりを強くしてみたい。
・次の学習でも、ものづくりをしてみたい。

回路になっている

単元通しての学びを振り返るようにする

---

3 ものづくりをする 〈60分〉

・豆電球、導線、乾電池を使って回路をつくる。
・ものづくりする過程で、個々でイメージが違うため、グループでの交流を促す。
「明かりがつくには、回路を意識してつくりましょう」
＊ショート回路にならないように、必ず豆電球をつなぐように留意する。

4 ものづくりを交流し、単元全体を振り返る 〈20分〉

・アドバイスを伝える視点を基に、どこがよかったのか交流する。
・代表児童のおもちゃを例に、全員のおもちゃを価値付けるように留意する。
・学びを適用できたことを実感する。
・友達の作品のよさを学ぶ。
・身の回りの道具であっても、回路になっていれば明かりがつくことを理解する。

6 身の回りの生物　B⑴　27時間扱い

単元の目標

　身の回りの生物について、探したり育てたりする中で、これらの様子や周辺の環境、成長の過程や体のつくりに着目して、それらを比較しながら、生物と環境との関わり、昆虫や植物の成長のきまりや体のつくりを調べる活動を通して、それらについての理解を図り、観察、実験などに関する技能を身に付けるとともに、主に差異点や共通点を基に、問題を見いだす力や生物を愛護する態度、主体的に問題解決しようとする態度を育成する。

評価規準

知識・技能	思考・判断・表現	主体的に学習に取り組む態度
①生物は、色、形、大きさなど、姿に違いがあることや、周辺の環境と関わって生きていることを理解している。 ②昆虫の育ち方には一定の順序があることや、成虫の体は頭、胸及び腹からできていることを理解している。 ③植物の育ち方には一定の順序があることや、その体は根、茎及び葉からできていることを理解している。 ④身の回りの生物について、器具や機器などを正しく扱いながら調べ、それらの過程や得られた結果を分かりやすく記録している。	①身の回りの生物について、差異点や共通点を基に、問題を見いだし、表現するなどして問題解決している。 ②身の回りの生物について、観察、実験などを行い、得られた結果を基に考察し、表現するなどして問題解決している。	①身の回りの生物についての事物・現象に進んで関わり、他者と関わりながら問題解決しようとしている。 ②身の回りの生物について学んだことを学習や生活に生かそうとしている。

単元の概要

　第１次では、身近な生物の観察を通して、問題を見いだすことを大切にしながら、生物には「色」「形」「大きさ」など姿に違いがあることや、周辺の環境と関わっていることを捉える。

　第２次では、植物の育ち方について問題を見いだし、植物の栽培観察を通して、根、茎、葉からできていることや育ち方には一定の順序があることを捉える。

　第３次では、チョウの育ち方について問題を見いだし、チョウの飼育観察を通して、頭、胸、腹からできていることや育ち方には一定の順序があることを捉える。さらに、トンボやバッタの観察を通して、チョウとの共通点や相違点を見つけるようにする。

指導のポイント

⑴本単元で働かせる「見方・考え方」

　身の回りの生物について、主に「共通性・多様性」の見方を働かせ、探したり育てたりした生物の

様子や周辺の環境、成長の過程や体のつくりについて調べる活動を通して、「どの生物も姿に違いがあり、周辺の環境と関わり合いながら違った生活をしている」ことや、「どの生物も体のつくりに共通の特徴や育ち方に一定の順序がある」ことなどを捉えるようにする。また、第3学年で重視される「比較」という考え方を働かせ、生物と環境との関わり、生物の成長のきまりや体のつくりについて問題を見いだすことができるようにする。

⑵本単元における「主体的・対話的で深い学び」

　「主体的な学び」として、子供自身が「生物の色、形、大きさ」や「動植物の体のつくり」など着目すべき点を明確にし、見通しをもって観察を行っていく。また、「対話的な学び」として、一人一人が得た観察結果を持ち寄って意見交換していく。そして、身の回りの昆虫や植物とその環境との関わりの学習においてこのような「主体的・対話的な学び」を繰り返すことで、新しい知識や概念がつくられ「深い学び」につながっていく。

指導計画（全27時間）　詳細の指導計画は ⊙ 06-01参照

次	時	主な学習活動	評価
1	1	○校庭や学校の周りで生物を探し、個人の問題を見いだす。	（思①）
	2・3	**観察1** 野外に出て観察し、記録する。	知④（態①）
	4	○観察した生物の姿について話し合い、特徴をまとめる。	知①（思②）
	5・6	○昆虫などの動物はどこにいるのか予想し、確認する。	思①
	7	○昆虫などの動物はどこで何をしているのか、結論をまとめる。	知①・態②
2	8・9	○植物の成長について問題を見いだし、種を観察する。	思①（知④）
	10	○今後の植物の成長について予想し、観察方法を考える。	態①
	11	**観察2** 植物の子葉を観察する。	（知④）
	12	**観察3** 植物の葉の様子を継続観察する。	知④・態①
	13・14	○植物の体のつくりを調べる。	知③・思②
	15	**観察4** 2種類の植物の花を観察する。	知④
	16	**観察5** 花の咲いた後の様子を観察する。	知④
	17	○育てた植物の成長の記録を整理し、植物の成長についてまとめる。	知③
3	18・19	○チョウの卵と、その成長後の写真から成長の過程に着目し、問題を見いだす。	思①（知④）
	20	**観察6** チョウの幼虫や、蛹から成虫への成長の様子を観察する。	知④
	21	○チョウの成長の様子をまとめ、体のつくりについて問題を見いだす。	（知②）（思①）
	22	○チョウの体のつくりを調べる。	知②
	23	○チョウ以外の昆虫を探し、体のつくりを調べる。	思②・態②
	24・25	○トンボやバッタの卵と幼虫、その成長後の写真から、問題を見いだす。	思①（態①）
	26	**観察7** トンボやバッタの幼虫から成虫への成長の様子を観察する。	知④・態①
	27	○トンボやバッタの成長の記録を整理し、昆虫の成長についてまとめる。	知②・態②

第①時

校庭や学校の周辺で生物を探し、問題を見いだす

（本時のねらい）

・身の回りの生物について、生物の姿に着目し、伝え合う活動を通して、問題を見いだすことができる。

（本時の評価）

・身の回りの生物について、姿に着目しながら、自分自身で問題を見いだしてノートに表現している。（思①）

（準備するもの）

・生き物発見カード 📀 06-02
・バインダー
・筆記用具
・生き物カルタ（発見できるであろう数種類）

生き物発見カード	年　組　名前
	月　日【天気　　】

見つけた植物	気づいたこと

見つけた動物	気づいたこと

（授業の流れ）▷▷▷

1 野外観察における注意事項を知る 〈5分〉

・子供は離れていても気付くくらいの、明らかな特徴に目が行きがちだが、活動時に、実際に顔を近づけたり、姿勢を低くしたりして発見した子供の気付きを広めることで、意欲的に生き物探しをするようになる。
・観察する生き物の採取は必要最小限にとどめるなど、生態系の維持に配慮し、生命を尊重しようとする態度を育むようにする。

2 生き物探しに出かけ、生き物を比較しながら、気付いたことなどをメモする 〈20分〉

「自然を探検して、生き物を探しましょう」

・自由に生き物を探しに行くとなると、見つける生き物が動物に偏りがちになるので、動物、植物ともに見つけられるよう促す。

「生き物同士を比べてみると、ふしぎに気づきやすいよ」

・生き物の名前にこだわらず、名前が分からない場合は特徴をメモする。

めあて 生き物をさがして、気づいたことを話し合おう。

○ 生き物さがしについて
・生き物について
　動物、植物とも1しゅるい以上見つける
　むやみに生き物をきずつけない
・時間について
　○○時○○分〜○○時○○分まで
・場所について
　運動場、花だん、ビオトープ……
・ちゅうい

校内マップを掲示する

| チャドクガ | スズメバチ | ウルシ | イラガ |

とげやどくのある生き物に近づかない

イラストや写真を掲示する

---

3 生き物の姿について班で伝え合い、気付いたことや不思議なことを発表する 〈15分〉

・見つけた生き物の姿について班で伝え合う。
「どの生き物のことを指しているか、カルタ取りをしましょう」
・黒板に数種類の生き物カルタを貼り、見つけた生き物について、児童が生き物発見カード（読み札）を基に説明する。
「探しているときに見つけたふしぎを発表しましょう」

4 個人の問題を見いだし、ノートに書く 〈5分〉

・見つけた生き物について伝え合う中で、十分に説明できなかったり、観察していなかったりした点に気が付くことで、もっと詳しく観察したいという意欲をもつ。
・観察する際には、視点や、詳しく記録しておく必要性に気付く。
「自分の問題をノートに書きましょう」

第②／③時

野外に出て観察し、記録する

ワークシート 💿 06-03

(本時のねらい)

・虫眼鏡などの観察器具を正しく使い、色、形、大きさなどに着目しながら観察して特徴を捉え、記録することができる。

(本時の評価)

・見つけた生物の姿を、虫眼鏡などを正しく使って観察し、色、形、大きさなどの観点で分かりやすく観察カードに記録している。知④

・進んで観察に取り組んでいる。（態①）

(準備するもの)

・観察カード 💿 06-03　・バインダー
・筆記用具　・ものさし　・色鉛筆
・虫眼鏡（携帯型の顕微鏡）

```
┌─────────────────────────────────┐
│ かんさつカード          年   組  名前      │
│                        月   日【天気   】 │
│                                 │
│ 植物・動物（              ）      │
│                                 │
│                                 │
│                                 │
│                                 │
│                                 │
│                                 │
│                                 │
│                                 │
│                                 │
│ 色 _____ │
│ 形 _____ │
│ 大きさ _____ │
│ _____ │
│ _____ │
└─────────────────────────────────┘
```

(授業の流れ) ▷▷▷

1　前時を振り返り、個人の問題を基に学級の問題を設定する〈20分〉

「生き物を詳しく観察するにはどうしたらよいでしょう」

・同じ生き物を見ていたはずなのに、個人によって認識が異なることを振り返り、観察に必要な色、形、大きさの視点を整理する。

・大きさについては、ものさしを使って計ることで、他人に分かりやすく伝えられることを理解する。

2　観察カードの書き方や虫眼鏡などの観察器具の使い方などについて知る〈10分〉

＊目を傷めるので、虫眼鏡を通して太陽を絶対に見てはいけないことを徹底する。

・きれいな観察カードの作成を目指すのではなく、視点にそって記録することを重視する。

・においや手触りなど、絵でかけないことは言葉で記入するようにする。

・デジタルカメラで児童が観察している生き物を随時撮影しておくとよい。

前時のふりかえり

・友だちが見た花は私と同じ色の花だったけど、形はちがうようだった。
・友だちが見た、アリではない小さくて黒い虫が何か分からない。
・大きさが人によってちがう気がした。
・もっとくわしく調べたい。

問題 | 生き物は、それぞれどのようなすがたをしているのだろうか。

※生き物…植物や動物
※動物……鳥やむしなど動く生き物（大きなものから小さなものまで）

---

3 野外に出て生き物を探し、自分が観察する生き物を決める 〈30分〉

「自分が観察したい生き物を植物、動物ともに1種類ずつ、どれにするか決めましょう」
・小さな動物などは、必要に応じてチャック付ビニル袋などに入れると観察しやすいが、弱ってしまうので長時間入れたままにしない。
・野草などは、必要に応じて観察カードに実物を直接貼り付けてもよいが、むやみに植物を痛めることのないように気を付ける。

4 自分が決めた生き物を観察し、記録する 〈30分〉

「自分が決めた生き物を詳しく調べましょう」
・色、形、大きさなどに着目するように促す。
・前半を植物、後半を動物というように教師側で時間配分を促す。
・同定することが目的ではないので、種名を特定できない場合は、分かる範囲で「〜のなかま」とするとよい。

第④時

観察した生物の姿について
話し合い、特徴をまとめる

（**本時のねらい**）
・生物は、それぞれ、色、形、大きさなどの姿が違っていることを捉えることができる。

（**本時の評価**）
・生物は色、形、大きさなど、姿に違いがあることを理解している。知①
・見つけた生物について、色や形、大きさなどの視点で比べて考察し、説明している。（思②）

（**準備するもの**）
・前時の観察カード
・校庭で見られた生き物の写真

問題 | 生き物は、それぞれどのようなすがたをしているのだろうか。

1 前時のふり返り

2
・虫の多くは、あしが6本ある
　→多いのもある
・全部の草にははっぱがある
　→形がちがう
・生き物の色がちがう

（**授業の流れ**）▷▷▷

1 前時の問題を確認し、観察記録を学級で共有する 〈12分〉

生き物は、それぞれどのようなすがたをしているのだろうか。
「どんな生き物を見つけましたか」
・前時に記録した観察記録を発表し、学級全体でどのような動物や植物を観察したかを写真を提示し、共有する。
・黒板に貼る生物の写真には、子供の観察したものを含むようにする。

2 見つけた生き物について比較しながら班で交流し、気付いたことを発表する 〈12分〉

・班の中で観察記録を交流し、見つけた生き物の特徴、共通点や差異点を話し合う。
・植物と動物に分けて整理する。
「黒板に貼った生き物だけではなく、班のメンバーで見つけた生き物を交流して、特徴や同じところ、違うところについて話し合ってみましょう」

3 けつろん 生き物は、それぞれ色や形、大きさなどの姿がちがう。

・食べ物のちがいで、虫のいるところがちがう？
・日が当たるから、草が生えている？
食べ物のちがいでいるところがちがう？

写真を掲示
する

4 問題 こん虫などの動物は、どのような場所に
いるのだろうか。

---

3 気付いたことを整理し、生き物によっ
て違いがあることを確認する〈8分〉

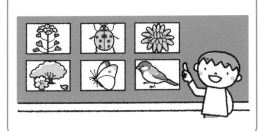

・本時の学習を振り返り、生き物の写真を見な
がら学んだことを整理する。
・植物と動物に分けて整理する。
「生き物は、それぞれ色や形、大きさなどの姿
が違います」

4 生き物の特徴から個人の問題を見いだ
し、学級の問題を設定する 〈13分〉

見つけた生き物はどこにいたのかな？

・植物ではなく、生き物の方に着目する。
・本時を振り返り、特徴の違いから、すみかの
違いに着目し、生き物の場所についての個人
の問題を設定するように促す。
「みんなが見つけた生き物は、住んでいるとこ
ろが同じ場所なのかな？」
・個人の問題を発表し、次時につながる学級の
問題を設定する。

第⑤／⑥時

昆虫などの動物はどこにいるか予想し、確認する

（本時のねらい）
・昆虫などの動物のすみかに着目する活動を通して、動物のすみかの共通点を予想することができる。

（本時の評価）
・動物によってすみかがそれぞれ違うことについて、根拠ある予想をノート等に表現している。思①

（準備するもの）
・動物発見マップ（グループ用、拡大掲示用）
・バインダー
・タイマー（グループに１つ）
・カラー丸シール
・予想・結果カード 💿06-04

予想		年　組　名前	月　日

名前	場所	何をしている

けっか			月　日

名前	場所	何をしている

（授業の流れ）▷▷▷

1 前時の問題を確認し、動物のすみかに目星を付ける 〈20分〉

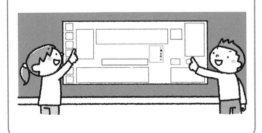

昆虫などの動物はどのような場所にいるのだろうか。

・居場所の目星を付けてから行くことで、予想の際の手がかりになる。
・観察後マップにシールを貼ることを伝えておく。
・カラー丸シールで分類する動物の種類は、事前の下見で判断する。

2 校庭などを観察し、動物の居場所を記録する 〈30分〉

・校庭などで動物を探す。
・動物の居場所について確認し、ワークシートに記入する。
・見つけた動物の居場所の様子と他の動物がいた場所の様子を比べながら調べる。
・いくつかの動物の居場所を調べる際に、まずは目星を付けたところから探すようにする。

1 問題 | こん虫などの動物は、どのような場所にいるのだろうか。

どこをさがす？
・石の下　→ダンゴムシ？
・草むら　→アリ？
・花　　→　チョウ？

気付いたこと
・同じような場所にいる
・食べ物があるから？
　（みつ、はっぱ、小さい虫）
・かくれている？

3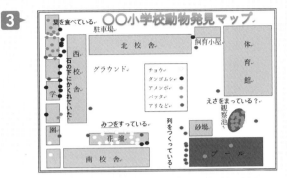

〇〇小学校動物発見マップ

葉を食べている。
駐車場
北校舎
飼育小屋
西校舎
グラウンド
体育館
石の下にかくれていた
チョウ
ダンゴムシ ●
アメンボ ○
バッタ ●
アリなど ●
えさをまっている？
観察池
学園
みつをすっている。
花壇
列をつくっている。
砂場
プール
南校舎

4 問題 | こん虫などの動物は、どのような場所にいて、
何をしているのだろうか。

---

3 見つけた動物を個人で整理し、発見マップにシールを貼る　〈20分〉

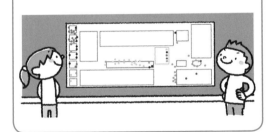

・クラスの人数に応じて貼ってもよいシールの枚数を調整することで、人数が少なくてもシールを貼った場所から傾向を見いだしやすくなる。

「同じ種類の同じ場所で見つけた生き物は、班で1枚のシールにして貼りましょう」

「場所が違うならば、新しく貼ってもかまいません」

4 発見マップを見て、気付いたことを学級で共有する　〈20分〉

花壇にチョウがいたのは、花の蜜を吸うからだと思う

・個人で見つけた動物が何をしているのか、どうしてそこにいるのか考えた後、班で話し合う。

「マップを見て、気付いたことはありますか」

「どうして居場所が同じなのかな」

・場所だけではなく、「何をしているのか」について次時の問題を見いだす。

第⑦時

昆虫などの動物はどこで何をしているのか、結論をまとめる

(本時のねらい)
・昆虫などの動物は食べ物のある場所や身を隠すことができる場所に多くいることを捉えることができる。

(本時の評価)
・昆虫などの動物は食べ物のある場所や身を隠すことができる場所に多くいることを理解している。知①
・学んだことを生かして、身近な生物について調べようとしている。態②

(準備するもの)
・前時の結果シート、動物発見マップ
・昆虫図鑑や動物の行動が分かる資料写真
（例）
　・アメンボ→水上に落ちた虫を食べている
　・アリ→蜜をすっている
　（葉や花の根元などにある花外蜜腺の蜜）

| 問題 | こん虫などの動物は、どのよう |

1 けっか

名　前	場　所
チョウ	花だんの花のまわり 学級園の草花
ダンゴムシ	学級園の石の下 花だんのまわり
アメンボ	かんさつ池 プール
バッタ	学級園の草 草が多いところ
アリなど	プールの横のかべ 花だんの草の葉

(授業の流れ) ▷▷▷

1 以前見つけた動物は何をしているのか、再度確認する 〈15分〉

> ダンゴムシは石の下に隠れていた

> アメンボは観察池で虫を食べていたよ

・屋外で授業を始める。
・前時を振り返り、問題を確認する。
「前の時間に観察した生き物が何をしているのか確認しましょう」
・前時に発見した場所を思い出し、同じ生き物が「何をしているのか」「どのような様子なのか」観察する。
・観察を終えたら、教室に戻る。

2 動物がいた場所は、その動物にとってどのような場所なのか考える 〈15分〉

> 動物にとってそこは、どのような場所なのかな？

・「食べ物」と「隠れる」という2つの視点で子供の観察結果を分類色分けし、動物にとって、「すみか」として必要な条件に着目できるようにする。
・その動物が何をしていたかあいまいな場合、子供にとって行動を判断しやすい動物の結果を基にして、その他の動物の行動も連想できるようにするとよい。

な場所にいて、何をしているのだろうか。

何をしていた　2	動物にとって どのような場所
花の周りをとんでいた みつをすっていた	食べ物のある ところ
歩いていた 石の下でかくれていた	かくれることが できるところ
水の上でじっとしていた 泳いでいた	食べ物？ かくれる？
草の中でかくれていた 葉を食べていた	かくれる、食べ 物があるところ
石のすき間から出てきた 歩いていた	かくれることが できるところ

すみか

⇒アメンボは水に落ちてくるえさを
待ちかまえている

4 けつろん

こん虫などの動物は、花や草むら、
土の中など、食べ物のある場所や、
かくれることができる場所に多く
いる。

---

3 観察だけでは分かりにくかった
生き物について知る　〈10分〉

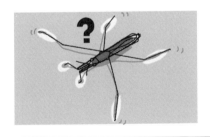

・アリやアメンボなど、よく見かける動物で
あっても、何をしているのか観察だけでは分
からないことが多い。その場合は他の動物と
比べて、「場所は違っていても目的（『食べ
物』または『隠れる』）は同じではないか」
という視点で考え、図鑑や科学絵本、イン
ターネットで調べる。また、教師があらかじ
め資料を用意するとよい。

4 調べて知ったことも含めて、
分かったことをまとめる　〈5分〉

動物は植物や土
の中などをすみ
かにして、まわ
りの自然とかか
わり合って生き
ています。

・「食べ物」や「隠れる」ことができるような
場所を、その動物にとっての「すみか」とい
う言葉でおきかえる。
・教科書資料「動物のかくれんぼ」などを参考
に、擬態に長けた動物の存在を知り、身近な
動物の巧妙さに気付かせたい。
（例）ヤモリ、ナナフシ、ハナグモ、アリグ
モ、シャクガなど

植物の成長について問題を見いだし、種を観察する

(本時のねらい)

・植物の成長について、成長の過程に着目する活動を通して、問題を見いだすことができる。

(本時の評価)

・植物の成長の変化について、種と、その成長後の花が咲いている写真から、自分自身で問題を見いだし、ノートに表現している。思①

・虫眼鏡などを正しく扱いながら、観察の結果を分かりやすく記録している。(知④)

(準備するもの)

・４種類の種（オクラ、ホウセンカ、ヒマワリ、ダイズ）
・４種類の植物の花の写真
・ものさし、虫眼鏡、鉛筆、色鉛筆
・観察カード 💿 06-05
・移植ごて　　・じょうろ

かんさつカード	年　組　名前
	月　日【天気　】

色
形
大きさ

(授業の流れ) ▷▷▷

1 今までに栽培した植物を振り返り、４種類の種を比較する 〈10分〉

植物のたねには、それぞれどのような違いがあるのかな

いろいろなたねがあってどれも大きさや形がちがう

どんな花が咲くのかな

・生活科の学習などでこれまでに子供が栽培したことがある植物を事前に調べておく。

・「色」「形」「大きさ」などが異なる種を教材に選ぶことで、種にそれぞれに違いがあることに気付くことができるようにする。

・種を白い容器に入れると、小さい種もこぼれにくく、色の暗い種も観察しやすい。

2 自分が育てたい植物の種を２種類選び、観察して記録する 〈30分〉

「２つの種を選んでスケッチしてみましょう」

・種の実物を貼ったり、ものさしで計った長さのスケールを観察スケッチにかき込んだりすると分かりやすい観察カードになる。

・今後経過観察する上で、前の観察記録から変わった点を記録するとよいことを伝える。

・今後、適宜観察し記録をとりためていくようにする。

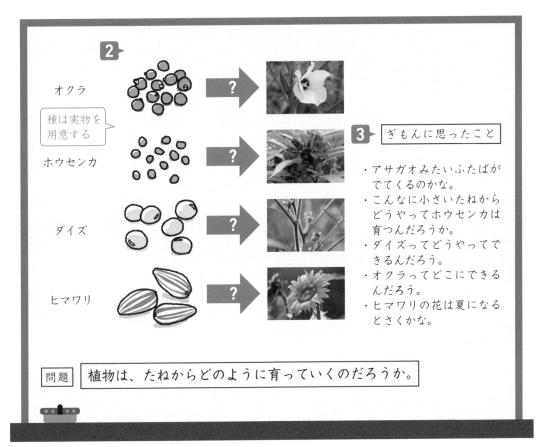

2

オクラ

種は実物を
用意する

ホウセンカ

ダイズ

ヒマワリ

3 ぎもんに思ったこと

・アサガオみたいふたばが
　でてくるのかな。
・こんなに小さいたねから
　どうやってホウセンカは
　育つんだろうか。
・ダイズってどうやってで
　きるんだろう。
・オクラってどこにできる
　んだろう。
・ヒマワリの花は夏になる
　とさくかな。

問題 植物は、たねからどのように育っていくのだろうか。

---

3 植物の成長過程に着目する活動
から問題を見いだす　　〈20分〉

アサガオみたい
にふたばがでて
くるのかな

こんなに小さいた
ねからどうやって
ホウセンカは育つ
んだろうか

・種と成長後の花の様子の2枚の写真から、
　その間の成長過程に問題を見いだす。
・色、形、大きさの違う種を提示し、栽培経験
　のある植物と比べることで、種類によって成
　長の過程が違うのではないかと揺さぶりをか
　ける。
「写真を見て、疑問に思うことはありますか」
「植物は、どのように育っていくのだろうか」

4 種蒔きをして、栽培方法を
確かめる　　〈30分〉

1週間くらいで芽が
出るのかな？

土が乾いたら水やりを
しないといけないな。

・ヒマワリやオクラなど、成長後大きくなるも
　のによって、他の植物の成長が妨げられるこ
　とがないように種まきの場所を留意する。
・牛乳パックや栽培ポットに種を蒔き、ある程
　度大きくなってから畑に植え替えてもよい。
・種を蒔いた場所が分かるようにネームタグを
　差しておくと、雑草の芽生えと区別でき、育
　てる植物の芽生えの時期を見逃さない。

第⑩時

今後の植物の成長について予想し、観察方法を考える

（本時のねらい）
- 問題を基に、自分自身の予想や観察を通して何を記録するのかを考え、その結果を見通すことができる。

（本時の評価）
- 植物の成長について予想し、進んで観察計画を立てようとしている。態①

（準備するもの）
- 植物の種
- アサガオの成長の変化がわかる写真
- 予想カード 💿06-06
- 鉛筆、色鉛筆

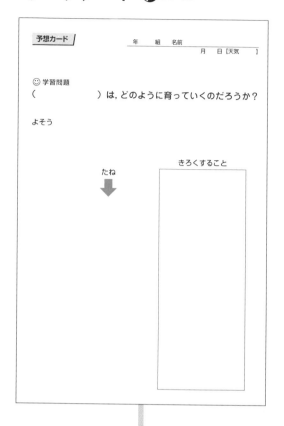

（授業の流れ）▷▷▷

1 これまでに栽培した植物の成長過程を振り返る 〈10分〉

- 生活科で育てた植物の成長過程を振り返ることで、「たね」「芽」「葉」「花」「実」「かれる」など、植物の成長過程を予想する上で必要になるキーワードに気付くことができるようにする。

2 今後の成長について予想し、観察の見通しをもつ 〈15分〉

- 観察の見通しをもつよう、一人一人が予想を立て、各自の予想カードに記入する。
- 予想の根拠が見失われないように留意する。

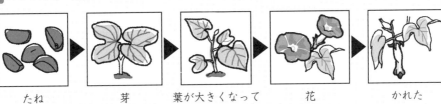

問題 | 植物は、たねからどのように育っていくのだろうか。

写真を掲示する

1 アサガオの成長

たね → 芽 → 葉が大きくなって → 花 → かれた

2 予想

・たねからめが出て、くきがのびて、大きな葉が出た後に花がさくと思う。
・花がさいた後はかれると思う。
・オクラやダイズは、実もできる。

3 かんさつしてきろくすること

・葉の色、形、大きさ、数
・植物の高さ ⟶ 長いものさし まきじゃく 紙テープ
・花の色、形、大きさ
・実の色、形、大きさ **4**
※植物の高さは、地面から一番新しい葉のつけ根まで

---

3 何を記録していけばよいのか班で話し合い、観察の計画を立てる 〈10分〉

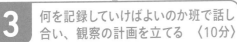

花がさいたら、花の色、形、大きさも調べよう

どんどん大きくなるから大きさも調べよう

葉の数とか大きさを調べるといいかな

「植物のどのような部分を見ると育ち方が分かるのでしょうか」
・問題に「植物は」とあるように、一般化した結論を引き出すため、選んだ植物以外でも同様のことが言えるのか、他の班の植物に対しても関心をもつ。
「他の班の植物も関心をもつようにしましょう」

4 草丈の測り方を決める 〈10分〉

長いものさしではかればいいんじゃない

地面から葉のつけ根までがせの高さ

紙テープをつかうとどれぐらいの高さか教室でもよくわかるね

・観察する視点を整理しておき、高さなどの測り方を自分たちで決めて、いつも同じ方法で測るようにする。
・ものさし以外に、植物の大きさの違いを視覚的に捉えられるよう、草丈を紙テープで測りとったものを教室に掲示するとよい。

第⑪時

植物の子葉を観察する

本時のねらい

・子葉の様子を観察し、その過程や結果を分かりやすく記録することができる。

本時の評価

・子葉の様子を虫眼鏡やものさしを適切に使って観察し、その過程や結果を「色」「形」「大きさ」などの観点で分かりやすく観察カードに記録している。(知④)

準備するもの

・植物の子葉
・植物の種と子葉の写真
・虫眼鏡
・ものさし
・紙テープ
・観察カード　💿06-05
・鉛筆、色鉛筆
・バインダー

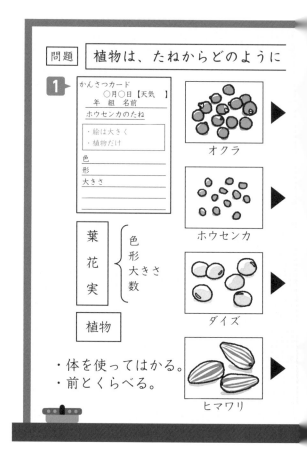

問題　植物は、たねからどのように

かんさつカード
　　　　○月○日【天気　】
　年　組　名前
ホウセンカのたね
・絵は大きく
・植物だけ
色
形
大きさ

オクラ

ホウセンカ

ダイズ

葉
花
実 { 色
　　形
　　大きさ
　　数

植物

・体を使ってはかる。
・前とくらべる。

ヒマワリ

授業の流れ ▷▷▷

1 「子葉」について知り、観察カードの記録の仕方を確認する 〈5分〉

植物の高さは地面から一番新しい葉のつけ根まで紙テープとものさしではかろう

絵はおおきくかこう

「最初に出てきた葉のことを子葉といいます」

・前時を振り返り、観察カードの記録の仕方を確認する。
・草丈や葉の大きさなどは、紙テープや数字だけでなく手の平や腕など自分の体も使って測ることで、植物の成長の変化を実感できる。

2 2種類の植物の子葉を観察し、カードに記録する 〈25分〉

子葉の色はみどり色だけど、よく見ると少しちがうみどり色だ

子葉はまるいうちわみたいなものと細長いもので形がちがうな

「違いに気をつけて、2種類の子葉の様子を観察カードに書きましょう」

・自分が種を蒔いた植物の芽生えは子供にとって大変興味深いものである。観察器具の習熟も兼ねて虫眼鏡を使い、細部まで観察できるようにしたい。その中で、子葉の合間から次の芽が準備されていることに気付き、植物の成長の見通しを持つことができる。

育っていくのだろうか。

子葉…さいしょに出てきた葉

4

cm

ヒマワリの育ち方

ヒマワリの草たけ

80
70
60
50
40
30
20
10
0

たねをまいた

たねの写真

子葉

写真を掲示する

4月15日

4月23日

3 気づいたこと

・子葉の形がちがう。
・子葉の色は緑色だった。
・子葉の数はどの植物も2まいだった。

---

3 それぞれの植物の子葉を比べ、気付いたことを話し合う 〈10分〉

子葉の数はどちらも2まいだったよ

子葉の色は少しちがうね

形や大きさもちがっているよ

・それぞれの植物の色や形、大きさについて「同じ」と考える子供もいれば、細部までこだわり、「違う」と捉える子供もいる。ここでは細部まで観察できていることを認めつつ、植物の種類による子葉の形は違うが、どれも2枚であることは最低限、確認しておきたい。芽生えの頃の小ささを共通で認識しておきたい。

4 それぞれの植物の育ち方が分かるような掲示物を作る 〈5分〉

ヒマワリの子葉は1cmだったよ

・栽培や観察の意欲を高め、成長の喜びを味わい、成長する植物の素晴らしさを実感できるよう、草丈を紙テープで測りとりグラフに表す。
・植物の成長について、どの植物も同じ育ち方を辿ることや、植物によって成長の度合いが異なることを視覚的に捉えられるよう、グラフを植物ごとに作り、教室に掲示しておく。

第⑫時

植物の葉の様子を継続観察する

本時のねらい

・葉の様子を観察する中で、前の観察記録との違いをとらえ、その後の見通しをもつことを繰り返し行い、継続的に植物の成長について調べることができる。

本時の評価

・ものさしなどを正しく扱いながら、植物の葉の様子を分かりやすく記録している。知④
・前の観察記録との違いを捉え、その後の見通しをもち、粘り強く観察記録しようとしている。態①

準備するもの

・虫眼鏡　　・ものさし　　・紙テープ
・観察カード　💿 06-05
・鉛筆、色鉛筆
・植物の葉の写真

ワークシート　💿 06-05

かんさつカード　　　　年　　組　名前
月　　日【天気　　】

色
形
大きさ

授業の流れ ▷▷▷

1 前回の観察をもとに、現在の様子と比べて気付いたことを出し合う〈5分〉

・畑に行き、前回の観察カードと現在の様子とを比べることで、子葉と形や大きさの違う葉の存在に気付くことができる。

「芽生えの頃と比べて、成長に変化がありましたか」

・前回同様、体を使って大きさを捉えることで、その他の変化について実感を伴って気付くことができる。

2 子葉の後に出てきた葉について、子葉との違いや名称を確認する〈5分〉

「子葉の後に出てきたものを葉とよびます」

・子葉と葉を比べて、子葉とその後に出てくる葉では、葉の形や大きさに違いがあることを確認する。

「新しく出てきた葉は、子葉と比べてどう違うかな」

・当たり前のようだが、今後正しく記録や説明できるよう、葉と茎の名称を確認しておく。

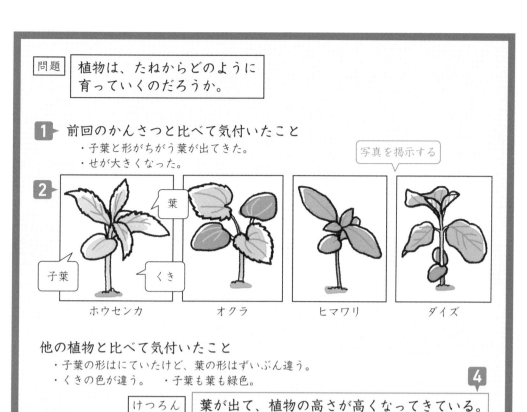

問題 植物は、たねからどのように
育っていくのだろうか。

1 前回のかんさつと比べて気付いたこと
・子葉と形がちがう葉が出てきた。
・せが大きくなった。

写真を掲示する

2

葉

子葉

くき

ホウセンカ　　オクラ　　ヒマワリ　　ダイズ

他の植物と比べて気付いたこと
・子葉の形はにていたけど、葉の形はずいぶん違う。
・くきの色が違う。　・子葉も葉も緑色。

4

けつろん 葉が出て、植物の高さが高くなってきている。

---

3 2種類の植物の葉を観察し、
カードに記録する 〈20分〉

・この頃から茎の太さにも違いが表れ始めるの
で、成長を捉えるためにも今後、観察するポ
イントとして気付かせたい。
・葉の出ている位置や大きさを手掛かりに、数
枚出ている葉の出てきた順序を考えること
で、今は小さな葉が今後、大きくなっていく
であろう見通しをもつことができる。
「どの葉が一番新しいのかな」

4 2種類の植物の葉を比べ、これか
らの成長について話し合う 〈15分〉

子葉の形はどの
植物も似ていた
けど、葉の形は
ずいぶんちがう
ね

これから育ち
方も変わって
くるのかな

・成長の順序の共通性を捉えられるよう、前回
作成した掲示物に、植物の高さを測りとった
紙テープや葉の枚数を表した○シールを貼
る。
・種類による特徴を捉えられるよう、それぞれ
の植物の葉の写真を掲示する。
「葉が出て、植物の高さが高くなってきていま
すね」

第⑬／⑭時

植物の体のつくりを調べる

本時のねらい
・地中にある根の様子を観察し、植物の体のつくりについて理解することができる。

本時の評価
・植物の体のつくりは、葉、茎、根からできていることを理解している。知③
・植物の観察記録を基に考察し、表現している。思②

準備するもの
・ホウセンカの写真
・植物の苗と写真（根も含めた全体の写真）
・虫眼鏡
・ものさし
・三角フラスコ
・鉛筆、色鉛筆
・観察カード

1 ホウセンカの写真（花が咲く前で地面の様子も映っているもの）を掲示する

ぎもんに思ったこと

・根があると思うけど、どんな根かな。
・根はなに色だろう。緑色かな。

授業の流れ ▷▷▷

1 地中部の植物の体に着目し、個人の問題を基に学級の問題を設定する〈15分〉

植物をぬいて体の全体を見てみたいな

植物は地面より上は分かるけど，地面の下はどうなっているのかな

「植物の体はどこですか」

・地上部の茎や葉の部分を指さす児童が多くいると思われる。そこで「本当にそこだけなのか」と揺さぶりをかけることで、地中部にも隠れた体の一部があるのではないかと気付くことができるようにする。
・子供は植物の根がどうなっているかと注目するが、植物の体全体を調べる問題にまとめる。

2 植物の根を含む体の様子を観察し、記録する〈30分〉

とっても長い根だよ

ホウセンカもオクラにも根があるね

地面の中にこんなにも根があったんだね

・学校園やビニールポットから苗を取り出し、水で丁寧に土を落とす。その後三角フラスコなど中身が確認しやすいものか白いバットの上で観察するとよい。
・子供に観察後、再度植えなおすことを伝え、植物を大切に扱うように指示する。

問題 植物の体は、どのようなつくりになっているのだろうか。

3

ホウセンカ

ヒマワリ

そのほかの植物

ハルジオン

タンポポ

写真を掲示する

オクラ

ダイズ

4

けつろん

植物の体は、葉、くき、根でできている。
葉はくきについていて、地面の下には根が
ある。

気づいたこと

地めんの下には根があった。
ホウセンカ、ヒマワリ、オクラ、ダイズの体は、
どれも葉、くき、根でできている。

---

3 自分が育てている植物についてグループで説明し合い、整理する〈15分〉

ホウセンカとオクラの体は葉とくきと根でできているよ。他はどう？

葉やくき、根の形や大きさは植物でちがうね

ダイズとヒマワリもそうだったよ

・自分が育てている植物について説明し合う中で、複数の種類の植物の体の様子を比べながら植物の体について整理できるように、何について話し合うのか再確認する。

「自分が育てている植物について説明し、友達の育てている植物の体の様子と比べましょう」

4 雑草を抜き、その他の植物の体のつくりも確かめ、結論をまとめる〈30分〉

やっぱり植物には葉とくきと根があるね

いろいろな植物の体のつくりを調べてもおもしろそうだね

・イネ科などの単子葉植物の中には葉、茎、根の区別がつきにくいものもあるので、ここで体のつくりについて確認する雑草は双子葉植物がよい。

・葉が茎についているということは、子供にとって気付きにくい体のつくりの特徴である可能性がある。子供から出てこないのであれば、指導者から補足する。

第 ⑮ 時

2種類の植物の花を観察する

本時のねらい

・花の様子を観察し、その過程や結果を分かりやすく記録することができる。

本時の評価

・花の様子を虫眼鏡やものさしを適切に使って観察し、その過程や結果を「色」「形」「大きさ」などの観点で分かりやすく観察カードに記録している。知④

準備するもの

・植物の種、子葉、葉の写真
・植物の花の写真
・虫眼鏡
・モール
・紙テープ、ものさし
・観察カード　💿06-05
・鉛筆、色鉛筆

問題	植物は、たねからどのように

①

```
かんさつカード
　　　　○月○日【天気　　】
　年　組　名前
ホウセンカのたね

・絵は大きく
・植物だけ
色
形
大きさ
```

オクラ ▶

ホウセンカ ▶

葉
花
実　｝色 形 大きさ 数

ダイズ ▶

植物

・体を使ってはかる
・前とくらべる

ヒマワリ ▶

授業の流れ ▷▷▷

1 前回の観察をもとに、現在の様子と比べて気付いたことを出し合う〈5分〉

> 葉が増えて草丈も大きくなってきていたね

> つぼみができていたよ

・花の観察の際に、つぼみや花の後にできた実の存在に気付いている子供の声を取り上げ、どのような順序で育つのか考える。

「写真を見て気付いたことはあるかな」

・事前につぼみを見つけて、モールで目印を付け継続的に観察することで、「つぼみ→花→実」という順序を確かめることができるようにする。

2 2種類の植物の花を観察し、カードに記録する〈20分〉

> つぼみがふくらんで花がさいた

> 花は色も大きさも形もすいぶんちがうね

・このころになると、葉が生い茂り観察が困難になってくる。花や実の観察の際は、花や実を中心にスケッチをするように指導する。

・指導者はカメラで全体のようすを撮影しておき、必要に応じて写真を掲示したり、配付したりするようにする。

育っていくのだろうか。

写真を掲示する

3 気づいたこと

・つぼみができていて、つぼみが開いて花がさいた。
・どの花も色や形、大きさがちがった。

4

〈夏休みのおせわとかんさつ〉
①水やり（朝早くがよい）
②かんさつカード

---

3 ２種類の植物の花を比べ、共通点や差異点やこれからの成長について話し合う 〈10分〉

花がかれたらオクラができるかな

ホウセンカにも実ができるのかな

・つぼみができて、つぼみが開き、花が咲くことを確かめる。
・通学路や公園などでも多くの花を紹介し、植物に対しての興味・関心を高める。

4 夏休み中の世話や観察について確認する 〈10分〉

水やりをしたあと、草丈をはかって、花のようすやこれまでとかわっているところを見つけて観察しましょう

・花の観察後、夏休みの期間に入るので、この後の変化については、夏休みの課題にしておくことで、世話と観察を継続して行う。
・夏休み期間中は水やりを欠かさず、全体の様子や、花、実などの写真を撮りためておく。

第⑯時

花が咲いた後の様子を観察する

本時のねらい
・花が咲いた後の植物の様子を観察し、その過程や結果を分かりやすく記録することができる。

本時の評価
・花の様子を虫眼鏡やものさしを適切に使って観察し、その過程や結果を「色」「形」「大きさ」などの観点で分かりやすく観察カードに記録している。知④

準備するもの
・虫眼鏡
・ものさし
・紙テープ
・観察カード 💿06-05
・バインダー
・鉛筆、色鉛筆
・花が咲いた後の様子の写真

授業の流れ ▷▷▷

かんさつカード	年　　組　　名前
	月　　日【天気　　】

色 _____
形 _____
大きさ _____

1 これまでの観察を想起し、花に付けた目印を手掛かりに、実に変化したことを確認する〈5分〉

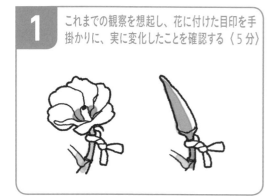

・夏休み前に行った花の観察からずいぶん時間が経つので、子供の意識は薄れてしまう。前時までにモールなどの目印を花につけておくことで、久しぶりに観察しても、前回とのつながりをもって実を観察することができるようにする。
・花のどの部分が実になったのか、今までの観察記録をもとに確認する。

2 ホウセンカのつぼみの中身と実の中身を見比べ、実の中に種ができていることを確認する〈10分〉

・9月中旬頃には、ホウセンカのつぼみ、花、実を同時に見ることができる。つぼみと実を混同する子供が多いので、つぼみの中には花が準備されていることや、未熟な実の中に未熟な種が入っていることを確認したい。
・ホウセンカ以外の実も、中身を確認する。
「実の中には、種が入っています」

| 問題 | 植物は、どのように育っていくのだろうか。 |

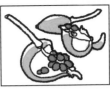

1 前回の観察と比べて気付いたこと
・花が枯れ、実になっていた。 　→実の中にはたねがある。
・枯れている葉があった。

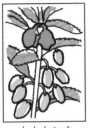  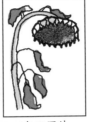 

ホウセンカ　　　オクラ　　　ヒマワリ　　　ダイズ

| 写真を掲示する |

3 他の植物とくらべて気付いたこと
・実の色、形、大きさはそれぞれちがう。
・実の中にはたねがある。

4 どの植物も花がさいた後に実ができ、実の中にたねができる。

---

3 2種類の植物を観察し、カードに記録する 〈20分〉

・葉が枯れ始めていることと、実に着目して観察し記録する。その際、先ほど確認した実の中の様子についても絵や言葉で書く。

4 枯れた植物の根を掘り起し、根の様子を調べた後、種を収穫する 〈10分〉

・枯れた植物は根を掘り起し、根の様子を調べるが、枯れていない植物は継続して育てる。
・種を収穫する活動を通して、1粒の種が大きく育ち、たくさんの種に増えたことに気付くようにしたい。

「どの植物も花が咲いた後に実ができ、実の中に種ができます」

第⑰時

育てた植物の成長の記録を整理し、植物の成長についてまとめる

(本時のねらい)
・植物は、種子から発芽し子葉が出て、葉がしげり、花が咲き、果実がなって種子ができた後に枯れるという、一定の順序があることを理解することができる。

(本時の評価)
・植物の育ち方には一定の順序があることを理解している。知③

(準備するもの)
・植物の成長の様子をまとめた掲示物
・書き溜めてきた観察カード

問題　植物はたねからどのように育つ

ダイズの育ち方

cm
80
70
60
50　それぞれの植物の育ちが表されている
40
30
20
10
0

1
2

3　けつろん　植物は、たねから子葉花をさかせた後に実を

(授業の流れ) ▷▷▷

1 これまでの観察記録を整理し、自分が育てた植物の成長の順番を確かめる　〈10分〉

かんさつカード　かんさつカード　かんさつカード　かんさつカード

色～～　色～～　色～～　色～～
形～～　形～～　形～～　形～～
大きさ～～　大きさ～～　大きさ～～　大きさ～～

・これまでの観察記録をテープで貼り合わせ、植物の成長の記録を順番に確かめられるようにする。

2 自分が育てた植物の成長の様子を友達に説明する　〈15分〉

かれたヒマワリからたねがたくさんとれました

ダイズ　ホウセンカ　ヒマワリ

・「たね」「子葉」「葉」「花」「実」「かれる」の用語の用語を使って、ノート等に学習問題の答えを記述した後、二人組で観察記録を示しながら説明し合う。

のだろうか。

ホウセンカの育ち方	ヒマワリの育ち方	オクラの育ち方
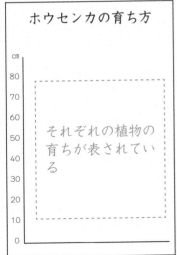	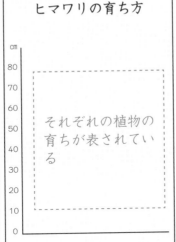	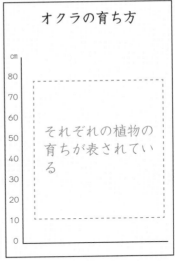

を出し、くきをのばして葉をしげらせ、花をさかせる。
つけ、実の中にたねを残してかれていく。

3 学級で育てた植物の成長の様子を比べ、結論をまとめる〈15分〉

どの植物も育ち方は同じでした

・教室の壁面などの掲示を活用し、育てた植物の成長の様子と比べることができるようにする。
・結論をまとめ、板書する。
「植物は、種から子葉を出し、くきをのばして葉をしげらせ、花をさかせる。花を咲かせた後に実をつけ、実の中に種を残してかれていく」

4 収穫した種と蒔いた種を比べる〈5分〉

まいたたねと同じたねがとれたよ

1つぶのたねからたくさんのたねがとれるんだね

・植物本体は枯れているが、実には種ができていることに着目することで、今後、生命の連続性について概念を深めるきっかけになるようにする。

第⑱／⑲時

チョウの卵と、その成長後の様子の写真から成長の過程に着目し、問題を見いだす

（本時のねらい）

・チョウの卵と、その成長後の様子の写真から成長の過程に着目する活動を通して、問題を見いだすことができる。

（本時の評価）

・チョウの成長の変化について、チョウの卵と、その成長後の様子の写真から、自分自身で問題を見いだし、ノートに表現している。思①
・チョウの卵の観察結果を分かりやすく記録している。（知④）

（準備するもの）

・これまでに見つけた昆虫の写真
・チョウの成虫の写真
・チョウの卵　　・虫眼鏡
・観察カード 💿06-05
・鉛筆、色鉛筆

ワークシート 💿06-05

かんさつカード　　　年　組　名前
　　　　　　　　　　　　　　月　日【天気　　】

チョウの卵

色
形
大きさ

（授業の流れ）▷▷▷

1 これまでに学校園などで見つけた虫について振り返る 〈10分〉

アリを見つけたよ

ダンゴムシがまるくなったよ

・生活科の学習などでこれまでに子供が見つけたことがある虫を事前に調べておき、その虫の写真を黒板に貼る。
・この単元に入る前から、身近にいた昆虫などの生き物を飼育しておいたり、写真を掲示したりしておくことで、生き物に対する興味をもち続けられるようにする。

2 写真から成長の過程に着目し、問題を見いだす 〈20分〉

どんなあおむしがでてくるんだろう

なにを食べるんだろう

チョウになるまでどれくらいかかるのかな

・チョウの卵と、その成長後の様子の写真を比較し、成長の過程に着目する。
・卵の実物や実際の大きさが分かる成虫の写真も用意する。
・チョウの成長過程について漠然としている子供に対して、卵から小さなチョウが出てくるのかと揺さぶりをかける。
・子供自身の疑問や問題をノートに記入する。

チョウの卵と、その成長後の様子の写真から成長の過程に着目し、問題を見いだす

1

写真を
掲示する

2  **?**

実物の卵を用意する

ぎもんに思ったこと

・はねは、いつはえるのかな。
・小さなたまごからどうやって
　チョウになるのかな。
・なにを食べて大きくなるのかな。
・チョウになるまでどれくらいか
　かるのかな。

問題 **チョウはどのように育つのだろうか。**

3 予想
・はねは、大きくなってさいごにはえてくると思う。
・たまごからあおむしになって、いろんなもの食べて大きくなると思う。
・葉っぱを食べると思う。
・夏までには大きくなってチョウになると思う。

---

3 チョウの卵を採集し、卵からどのように育つ
のか今後の成長について話し合う 〈30分〉

葉っぱについている
ということは、この
葉を食べるのかな

夏にはチョウに
なるのかな

・自分の疑問や友達の疑問について予想する。
・できるかぎり1人1個の卵を採集すること
　ができるように、事前にキャベツやアブラ
　ナ、ダイコンなどを育てておくとよい。

4 卵を観察し、記録する 〈30分〉

大きさはとっても小さ
い。1mmくらいかな

たまごをよく
見るとたてに
すじがある

色はうすい黄色だね

・虫眼鏡の使い方を確認し、観察する。
・「色」「形」「大きさ」に着目して記録する。
・今後経過観察する上で、前の観察記録から変
　わった点を記録するとよいことを伝える。
・可能であればアゲハやツマグロヒョウモン、
　カイコなど、その他のチョウも同時に飼うこ
　とで、比較して特徴をとらえることができる
　ようにする。

第 ⑳ 時

チョウの幼虫や、蛹から成虫への成長の様子を観察する

本時のねらい

・幼虫や、蛹から成虫への成長の様子を観察し、その過程や結果を分かりやすく記録することができる。

本時の評価

・幼虫や、蛹から成虫への成長の様子を虫眼鏡やものさしを適切に使って観察し、その過程や結果を「色」「形」「大きさ」などの観点で分かりやすく観察カードに記録している。知④

準備するもの

・チョウ（幼虫、蛹）とそれぞれの写真
・飼育箱　　　・観察カード 💿 06-05
・餌となる葉　・鉛筆、色鉛筆、ものさし
・虫眼鏡

ワークシート 💿 06-05

かんさつカード	年　組　名前

月　日【天気　　】

チョウのさなぎ

色＿＿＿＿＿＿＿＿＿＿＿＿＿＿＿＿＿

形＿＿＿＿＿＿＿＿＿＿＿＿＿＿＿＿＿

大きさ＿＿＿＿＿＿＿＿＿＿＿＿＿＿

＿＿＿＿＿＿＿＿＿＿＿＿＿＿＿＿＿＿

＿＿＿＿＿＿＿＿＿＿＿＿＿＿＿＿＿＿

授業の流れ ▷▷▷

1　これまでの観察記録を振り返り、観察するポイントを確認する　〈5分〉

何cmになっているかな

・これまでの観察記録を振り返り、「色」「形」「大きさ」などの観察のポイントを確認する。
・これまでの観察記録を振り返ることで、前回の記録と比較して、どのように成長したのかその変化を観察する。
・観察カードは指導者が目を通し、よく観察できている記録の仕方にコメントを入れ、価値付けたり、観察のポイントを補ったりする。

2　チョウの幼虫を観察し、記録する　〈17分〉

葉を食べてどんどん大きくなっているね。次はもっと大きくなると思う

大きくなるときにかわをぬくね

・幼虫の時期には食べ物を食べ、脱皮をして体が大きくなることや幼虫が餌を食べなくなって動かなくなることなどの変化に着目し、脱皮の様子を観察する。
・観察記録の際には、次にどんな変化をするのか問うことで、見通しをもちながら継続観察できるようにする。
・教科書などの写真を活用する。

1 問題 **チョウはどのように育つのだろうか。**

観察の都度、写真を増やしていき、気付いたことを交流する

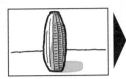   

かわをぬぐ

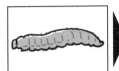  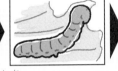 

かわをぬぐ　　　　かわをぬぐ

4 気づいたこと

・たまごの色がかわった。
　→もうすぐよう虫が出る。
・えさをどんどん食べてふんもしている。
・えさを食べなくなる。
　→かわをぬぐじゅんび
・動かなくなるときがある。

（さなぎの場合）
・えさを食べなくなった。
・糸みたいなもので体をささえてる。
・あまり動かない。
・チョウになるじゅんび

---

3 チョウの蛹を観察し、記録する　〈17分〉

さなぎのときはえさを食べないね

・幼虫と蛹の形や動きを比較し、変態する昆虫の不思議さや面白さを感じる。
・羽化の様子をタイミングよく観察できればよいが、難しい場合は人為的に羽化させたり映像資料を用いたりする。
・植物単元と合わせで観察するなど、成長の程度に合わせて適時、時間を分割して行う。

4 観察をして気付いたことを交流する　〈6分〉

・観察の都度、少しの時間でよいので気付いたことを交流し、成長の過程を共通理解する。
・教室の壁面に成長の過程の写真や気付いたことなどを整理して掲示しておくことで常に意識して飼育、観察ができるようにしておく。教室掲示を板書に貼り、活用してもよい。

第㉑時

チョウの成長の様子をまとめ、体のつくりについて問題を見いだす

（本時のねらい）
・チョウの成長の様子をまとめ、チョウは、「卵→幼虫→蛹→成虫」という順序で育つことを理解することができる。

（本時の評価）
・チョウの成長には一定の順序があることを理解している。（知②）
・チョウの体のつくりについて、問題を見いだし、表現している。（思①）

（準備するもの）
・チョウ（幼虫、蛹、成虫）の写真
・書き溜めてきた観察カード

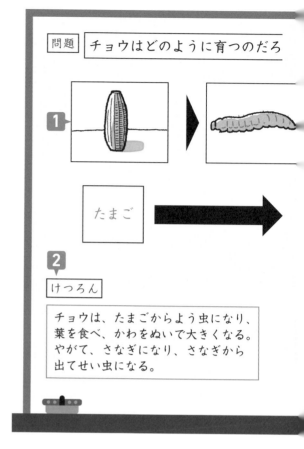

（授業の流れ）▷▷▷

1 これまでの観察記録を整理し、チョウの成長の順番を確かめる〈12分〉

・これまでの観察記録をテープで貼り合わせ、チョウの成長の記録を順番に確かめる。
・学級で「たまご」「よう虫」「さなぎ」「せい虫」の用語を確認し、順番に並べる。

2 チョウの成長の様子を友達に説明する〈15分〉

・「たまご」「よう虫」「さなぎ」「せい虫」の用語を使って、ノートに自分の結論を記述した後、二人組で観察記録を示しながら説明し合う。
・説明活動の後、学級の結論としてまとめ、板書する。

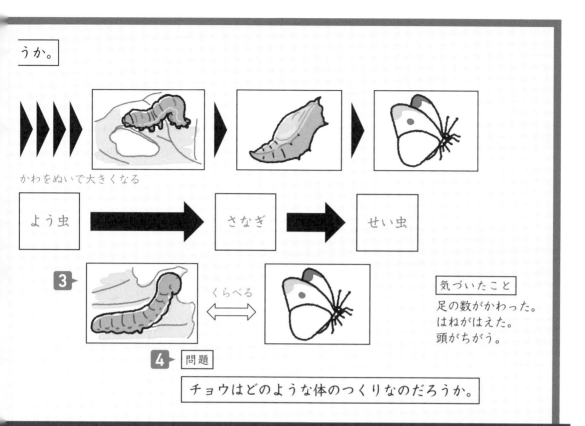

うか。

かわをぬいで大きくなる

よう虫　→　さなぎ　→　せい虫

3

くらべる

気づいたこと
足の数がかわった。
はねがはえた。
頭がちがう。

4 問題

チョウはどのような体のつくりなのだろうか。

---

3 チョウの幼虫の姿と成虫の姿を比較して、気付いたことを交流する〈10分〉

頭もちがうよ

体のつくりがかわったね

足の数がかわったね

・チョウの体の様子の変化について成長段階を比較することで、大きく体の様子が変わることに気付く。

「体のつくりで違っているところはあるかな」

4 チョウの体のつくりから、個人の問題を見いだし、学級の問題を設定する〈8分〉

本物のチョウで調べよう

図かんとかでも調べられそうだよ

動くからむずかしいかな

・成虫の写真を提示しながら、幼虫のときと比べ、劇的に変身を遂げたことを話題に取り上げ、体のつくりに関心を向ける。

「成虫の体はしっかりと見ていませんでしたね」
「問題を書きましょう」

第㉒時

チョウの体のつくりを調べる

（本時のねらい）
・チョウの体の分かれ方、足や羽の数とそれらが付いている部分、目や触覚などを観察し、昆虫の体のつくりを理解することができる。

（本時の評価）
・チョウの体のつくりについて、頭、胸及び腹の三つの部分からできていることや足が胸に３対６本付いていることなどを理解している。知②

（準備するもの）
・チョウの成虫（標本、図鑑でもよい）
・飼育箱（観察に適したサイズのものにしてもよい）
・観察カード 💿 06-07
・チョウの体のつくりの模式図 💿 06-08
・虫眼鏡　・鉛筆、色鉛筆、ものさし

ワークシート 💿 06-07

（授業の流れ）▷▷▷

1 成虫の観察記録をもとに、詳しく調べたい観察の観点を整理する 〈5分〉

・成虫の動きが速く観察しにくい場合や成虫を逃がしている場合には、標本や図鑑などを活用して体のつくりを調べる。
・観察の観点は、子供がくわしく調べてみたい体の部分を基に整理する。ただし、体の分かれ方については子供から出にくい観点であるゆえ、子供が観察して分かったことを基に指導者が各部分（頭、胸、腹）について教える。

2 チョウの成虫を観察し、記録する 〈15分〉

・観察をする際には、色々な角度から観察できるようにする。そのため、飼育で使用していた箱が大きいようであれば、小さめの虫かごなどに移して観察する。
・図鑑のコラムやトピックなどを活用し、各部分の役割について投げかけることで、今後、昆虫の体のつくりについて概念を深めるきっかけになるようにする。

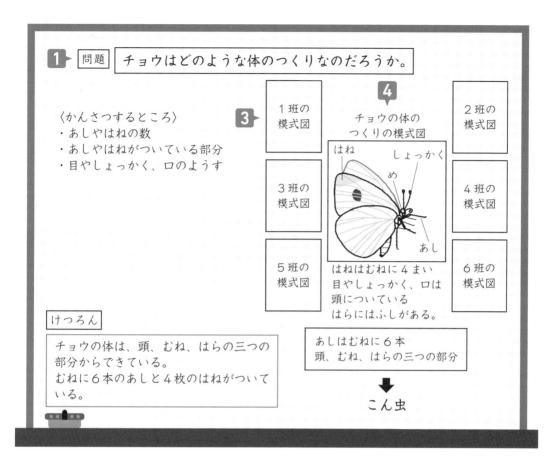

3 グループで話し合って体のつくりを整理し、簡単な模式図にまとめる　〈15分〉

・頭、胸、腹のみが描かれた模式図を用意しておき、観察してわかったことを言葉や絵でかき加え、模式図を完成させる。
・模式図ができたら黒板に貼り、他の班と見比べるように声掛けする。

4 グループの模式図を基に学級でまとめ、友達と説明し合う　〈10分〉

・各班のイメージをまとめ、模式図を示しながら各部分（頭、胸、腹）について説明する。
・チョウの体のつくりについて二人組で観察記録を示しながら説明し合う。
・最後に「昆虫」について定義付けをする。

チョウ以外の昆虫を探し、体のつくりを調べる

本時のねらい
・チョウの体のつくりを基に、その他の昆虫を探し体のつくりを調べることで、学習したことを身の回りの生物に当てはめ、生かすことができる。

本時の評価
・チョウ以外の昆虫の観察、結果を基に考察し、表現している。思②
・学習したチョウの体のつくりを基に、身の回りの生物に当てはめ、昆虫の体のつくりについて共通点や相違点を見つけている。態②

準備するもの
・昆虫の写真　　・昆虫でない虫の写真
・チョウの体のつくりの模式図　💿06-08
・観察カード　💿06-07
・虫眼鏡　・鉛筆　・色鉛筆
・使い捨て容器（ふたのある惣菜用容器など）

ワークシート 💿06-07

2

かんさつカード	年　組　名前
	月　日【天気　】

授業の流れ ▷▷▷

1 前時を振り返る中で、チョウ以外の昆虫に着目し、学級の問題を見いだす　〈5分〉

（吹き出し：チョウ以外の他のこん虫もみてみたい）

・生き物愛護の観点から、観察後も生かした状態で自然に返せるよう、大切に扱うように指導する。
・事前にどんな昆虫がいるのか下見しておき、写真を撮っておく。

2 チョウ以外の昆虫を探し、観察する　〈25分〉

（吹き出し：アリもあしは6本でむねから出ている）
（吹き出し：でも、はねはないね）

・成虫の動きが速く観察しにくい場合には、小さい透明プラスチック容器かチャック付きポリ袋に入れて観察するとよい。
・標本や図鑑などを活用して体のつくりを調べてもよい。
・スケッチではなく、簡単な模式図を描くことで、細かな記録より体のつくりに特化して観察記録する。

1 問題

> こん虫は、他にどんな生き物がいて、どんな体のつくりをしているのだろうか。

こん虫

頭、むね、はらの三つの部分
あしはむねに6本

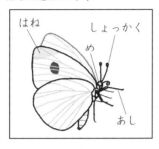

はね
しょっかく
め
あし

アリ　　テントウムシ　　アゲハチョウ

どれも頭、むね、はらの三つの部分でできている。
あしはむねに6本ついている。はねがないものもいる。目や口、しょっかくはこん虫によってちがう。

こん虫　　　　こん虫ではない

4 けつろん

> こん虫のせい虫の体ははどれも頭、むね、はらの三つの部分でできている。あしはむねに6本ついている。

---

3 観察結果を交流し、昆虫か昆虫でないか見分ける 〈10分〉

テントウムシはうらからみると三つの部分に分かれているしあしも6本だ。こん虫だね

クモはあしが8本だしこん虫じゃない

ダンゴムシもあしが多いよ

・グループで観察した結果を交流した後、子供の観察記録の中からいくつか選び、黒板に提示する。
・昆虫の体のつくりと照らし合わせてどれも昆虫であることを確認する。
・クモやダンゴムシの写真は、昆虫でないことを足の数で確かめる。教科書の図も参考にする。

4 結論をまとめる 〈5分〉

でんでん虫はこん虫じゃないと思います。なぜかというと、あしが6本ではないからです

・ダンゴムシやでんでんむしなど「むし」という名前がついていても、昆虫ではないことを確かめる。
・トンボとバッタの写真は次時以降の学習につなげるために、昆虫であることを再確認する。

トンボやバッタの卵と幼虫、その成長後の写真から、問題を見いだす

本時のねらい

・トンボやバッタの卵と幼虫、その成長後の写真から成長の過程に着目する活動を通して、問題を見いだすことができる。

本時の評価

・トンボやバッタの成長の変化について、トンボやバッタの卵と幼虫、その成長後の写真から自分自身で問題を見いだし、ノートに表現している。思①
・トンボやバッタの成長について、進んで友達と話し合っている。(態①)

準備するもの

・トンボやバッタの卵と幼虫、成虫の写真
・トンボやバッタの幼虫
・観察カード 💿 06-05
・虫眼鏡、図鑑や教科書
・鉛筆、色鉛筆

ワークシート 💿 06-05

4

| かんさつカード | | 年　組　名前 |
| 月　日【天気　　　】 |

トンボのよう虫

色 ＿＿＿＿＿＿＿＿＿＿＿＿＿＿＿＿
形 ＿＿＿＿＿＿＿＿＿＿＿＿＿＿＿＿
大きさ ＿＿＿＿＿＿＿＿＿＿＿＿＿＿
＿＿＿＿＿＿＿＿＿＿＿＿＿＿＿＿＿

授業の流れ ▷▷▷

1 チョウの育ち方について振り返り、トンボやバッタの成長過程に着目し、個人の問題を見いだす〈25分〉

・二人組になり、互いに説明することで、全員が振り返ることができるようにする。
・説明が難しい子供には、教室掲示やノートを見ながら説明するように助言する。
・子供自身の疑問や問題をノートに記入する。

2 個人の問題を発表し、学級の問題を設定する 〈15分〉

・卵や幼虫、成虫の実際の大きさが分かる写真を用意する。
・チョウの育ち方と比較しながら考えることで、自分の問題を表現することができるようにする。
・個々の問題を基に学級全体の問題をまとめる。
「トンボやバッタはどのように育つのだろうか」

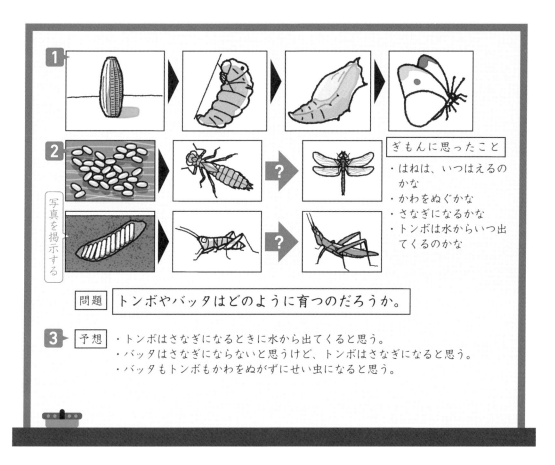

予想

3 トンボやバッタが幼虫からどのように育つのか今後の成長について話し合う 〈15分〉

トンボはさなぎになるときに水から出てくると思う

バッタはあまり姿がかわらないからさなぎにはならずにそのまま大きくなると思う

・自分の疑問や友達の疑問について予想する。

・チョウを育てた経験やトンボやバッタの幼虫時期の姿を基に予想できるようにする。

4 トンボやバッタの幼虫を観察し、記録する 〈35分〉

よく見たらトンボの幼虫にもバッタの幼虫にも、みじかいはねみたいなものがついてるよ

・「色」「形」「大きさ」に着目して観察記録する。

・図鑑や教科書を参考にしながら飼育の仕方を調べる。

・理科の時間以外でも観察できるようにする。

第㉖時

トンボやバッタの幼虫から成虫への成長の様子を観察する

本時のねらい
・幼虫から成虫への成長の様子を観察し、その過程や結果を分かりやすく記録することができる。

本時の評価
・幼虫から成虫への成長の様子を虫眼鏡やものさしを適切に使って観察し、その過程や結果を「色」「形」「大きさ」などの観点で分かりやすく観察カードに記録している。知④
・トンボやバッタの観察に進んで取り組み、友達と交流している。態①

準備するもの
・トンボやバッタ（幼虫）とその写真
・飼育箱　　・虫眼鏡
・餌（トンボの幼虫にはアカムシなど）
・観察カード　💿06-05
・鉛筆、色鉛筆、ものさし

ワークシート 💿06-05

かんさつカード　2

| かんさつカード | 年　組　名前 |
| 月　日 [天気　] |

色＿＿＿＿＿＿＿＿＿＿＿
形＿＿＿＿＿＿＿＿＿＿＿
大きさ＿＿＿＿＿＿＿＿＿

授業の流れ ▷▷▷

1　前時を振り返り、今日の観察ポイントを確認する　〈5分〉

何cmになっているかな

・これまでの観察記録を振り返り、「色」「形」「大きさ」などの観察のポイントを確認する。
・これまでの観察記録を振り返ることで、前回の記録と比較して、どのように成長したのかその変化を観察できるようにする。
・観察カードは教師が目を通し、よく観察できている記録の仕方にコメントを入れ、価値付けたり、観察のポイントなどを補ったりする。

2　トンボの幼虫を観察し、記録する　〈17分〉

水中をじょうずにおよいでいるね

大きくなるときにかわをぬぐね

・幼虫の時期には食べ物を食べ、脱皮をして体が大きくなることや幼虫が餌を食べなくなって動かなくなることなどの変化に着目し、脱皮の様子を観察する。

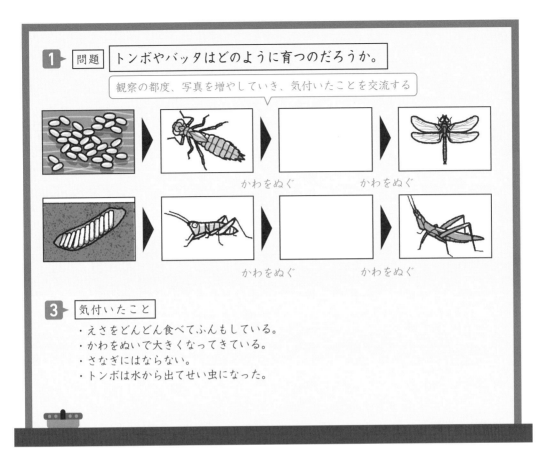

1 問題 トンボやバッタはどのように育つのだろうか。

観察の都度、写真を増やしていき、気付いたことを交流する

かわをぬぐ　　かわをぬぐ

かわをぬぐ　　かわをぬぐ

3 気付いたこと

・えさをどんどん食べてふんもしている。
・かわをぬいで大きくなってきている。
・さなぎにはならない。
・トンボは水から出てせい虫になった。

3 バッタの幼虫を観察し、記録する 〈17分〉

小さいけどバッタのせい虫と同じようにジャンプするね

葉を食べているよ

・植物単元と合わせで観察するなど、成長の程度に合わせて適時、時間を分割して行う。

4 観察をして気付いたことを交流する 〈6分〉

・観察の都度、少しの時間でよいので気付いたことを交流することで、成長の過程を共通理解する。
・教室の壁面に成長の過程の写真や気付いたことなどを整理して掲示しておくことで常に意識して飼育、観察ができるようにしておく。教室掲示を板書に活用してもよい。

第㉗時

トンボやバッタの成長の記録を整理し、昆虫の成長についてまとめる

本時のねらい
・昆虫は、「卵→幼虫→蛹→成虫」や「卵→幼虫→成虫」など、決まった順序で育つことを理解することができる。

本時の評価
・トンボやバッタの成長には一定の順序があることを理解している。知②
・学んだことを振り返り、学習や生活に生かそうとしている。態②

準備するもの
・トンボ、バッタ（幼虫、蛹、成虫）の写真
・チョウの成長の様子をまとめた掲示物
・書き溜めてきた観察カード

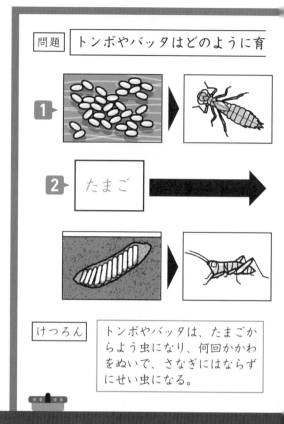

問題 トンボやバッタはどのように育

1

2 たまご

けつろん トンボやバッタは、たまごからよう虫になり、何回かかわをぬいで、さなぎにはならずにせい虫になる。

授業の流れ ▷▷▷

1 これまでの観察記録を整理し、トンボやバッタの成長の順番を確かめる〈10分〉

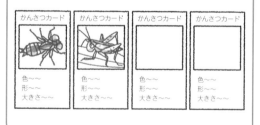

かんさつカード / かんさつカード / かんさつカード / かんさつカード
色〜〜 形〜〜 大きさ〜〜

・これまでの観察記録をテープで貼り合わせ、トンボやバッタの成長の記録を順番に確かめられるようにする。
・学級で「たまご」「よう虫」「さなぎ」「せい虫」の用語を確認し、順番に並べる。

2 トンボやバッタの成長の様子を友達に説明する〈15分〉

トンボやバッタは「たまご」「よう虫」「せい虫」の順番で成長します。「さなぎ」にはなりません

・「たまご」「よう虫」「さなぎ」「せい虫」の用語を使って、ノート等に学習問題の答えを記述した後、二人組で観察記録を示しながら説明し合う。
・説明活動の後、結論をまとめ、板書する。
「トンボやバッタは、たまごからよう虫になり、何回かかわをぬいで、さなぎにはならずにせい虫になる」

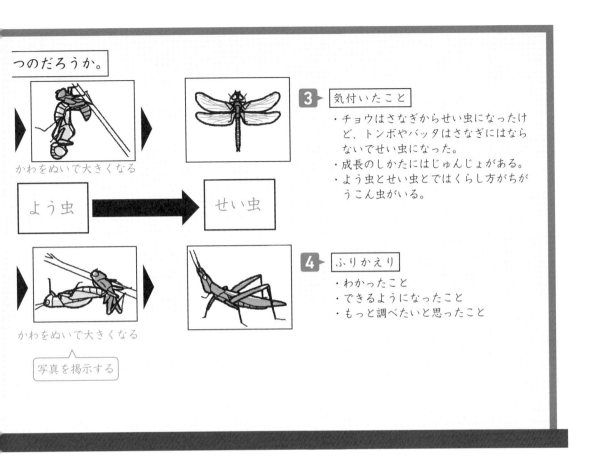

つのだろうか。

かわをぬいで大きくなる

| よう虫 | ➡ | せい虫 |

かわをぬいで大きくなる

写真を掲示する

3 気付いたこと
・チョウはさなぎからせい虫になったけど、トンボやバッタはさなぎにはならないでせい虫になった。
・成長のしかたにはじゅんじょがある。
・よう虫とせい虫とではくらし方がちがうこん虫がいる。

4 ふりかえり
・わかったこと
・できるようになったこと
・もっと調べたいと思ったこと

3 チョウの成長の様子とトンボやバッタの成長の様子を比較して、気付いたことを交流する 〈10分〉

チョウはさなぎからせい虫になったけど、トンボやバッタはさなぎにはならないでせい虫になった

・チョウの成長の様子は教室の壁面などに掲示しておき、トンボやバッタの成長の様子と比べることができるようにする。

4 学習を振り返り、分かったことやもっと調べたいことなどを書く 〈10分〉

もっといろいろなこん虫を育ててみたい

虫めがねをつかってかんさつできるようになった

こん虫の体のつくりや育ち方がわかった

・学習をした感想にとどまるのではなく、学習を振り返り、「わかったことやできるようになったこと、もっと調べたいと思ったこと」などを子供が書けるような視点を与える。
・教師は、子供の変容から、資質・能力が身に付いたかどうかを評価する。

7 太陽と地面の様子　B(2)　8時間扱い

単元の目標

　日なたと日陰の様子に着目して、それらを比較しながら、太陽の位置と地面の様子を調べる活動を通して、それらについての理解を図り、観察、実験などに関する技能を身に付けるとともに、主に差異点や共通点を基に、問題を見いだす力や主体的に問題解決しようとする態度を育成する。

評価規準

知識・技能	思考・判断・表現	主体的に学習に取り組む態度
①日陰は太陽の光を遮るとき、日陰の位置は太陽の位置の変化によって変わることを理解している。 ②地面は太陽によって暖められ、日なたと日陰では地面の暖かさや湿り気に違いがあることを理解している。 ③太陽と地面の様子との関係について、器具や機器などを正しく扱いながら調べ、それらの過程や得られた結果を分かりやすく記録している。	①太陽と地面の様子との関係について、差異点や共通点を基に、問題を見いだし、表現するなどして問題解決している。 ②太陽と地面の様子との関係について、観察、実験などを行い、得られた結果を基に考察し、表現するなどして問題解決している。	①太陽と地面の様子との関係についての事物・現象に進んで関わり、他者と関わりながら問題解決しようとしている。 ②太陽と地面の様子との関係について学んだことを学習や生活に生かそうとしている。

単元の概要

　1次では、影踏みを通して影の位置に着目できるようにすることで、共通の体験から得られた気付きや疑問を共有し、影のでき方について主体的に問題を見いだし、解決に向けて取り組むことができるようにする。問題解決の際には、観察を通して太陽と影の位置関係を調べ、影は太陽の光を遮ると、太陽と反対の方向にできることを捉えられるようにする。また、時間が経つと影の向きが変わることへの気づきをきっかけに、1日の中での影の位置の変化に問題を見いだし、棒状の物を利用してできる影の位置と太陽の位置を方位磁針を用いて継続的に調べる活動を通して、太陽が東の方から南の空を通って西の方に変化することを捉えられるようにする。

　2次では、生活経験を基に、日なたと日陰の地面の暖かさや湿り気に着目し、実際に手で触れて比較しながら地面の様子の差異点を体感できるようにする。次に、活動を通して気付いた差異点や共通点を基に、太陽と地面の様子との関係についての問題を見いだし、表現するとともに、棒温度計や放射温度計を正しく使い、太陽の光がよく当たる場所で朝と昼の地面の温度を測って比較する活動を通して、地面は太陽によって暖められ、日なたと日陰では地面の暖かさや湿り気に違いがあることを捉えられるようにする。

(1)本単元で働かせる「見方・考え方」

　太陽と地面の様子の関係について、主に「時間的・空間的」な見方を働かせ、太陽の位置や、日なたと日陰の様子について観察して調べる活動を通して、「太陽の反対側に影ができる」ことや、「太陽の位置が東から南の空をとおって西へ変化し、それに合わせて影の位置も変わる」こと、「地面は太陽によって暖められること」などを捉えるようにする。また、「比較」という考え方を働かせ、午前中と午後との影の向きや、日なたと日陰での地面をさわった感じから、太陽と地面の様子の関係について問題を見いだすことができるようにする。

(2)本単元における「主体的・対話的で深い学び」

　「主体的な学び」として、影踏みの活動や、日なたと日陰の地面に触れることなどの体験から生まれる子供の気付きや疑問をノートや話合いの場で表現し、自分たちで問題を見いだす。また、「対話的な学び」として、観察で明らかになった事実を班の友達や学級全体で確認し、解釈を共有していく。太陽と地面の様子の関わりの学習においてこのような「主体的・対話的な学び」を繰り返すことで、新しい知識や概念がつくられ「深い学び」につながっていく。

指導計画（全8時間）　詳細の指導計画は ◉ 07–01参照

次	時	主な学習活動	評価
1	1	○影遊びの活動を通して、影の様子に着目し、気付いたことや疑問に思ったことを話し合う中で、影と太陽の位置の関係について問題を見いだす。	(思①)
	2	**観察1** 影のでき方について調べるため、太陽の位置と影の向きに着目しながら観察する。	知①・態①
	3	○時間によって影の向きが異なることから、1日の中での影と太陽の位置の変化に問題を見いだし、見通しをもつ	思①
	4・5	**観察2・3** 1日の中での影と太陽の位置の変化について、観察を通して調べる。	知③・思②
2	6	○日なたと日陰の地面の様子について、生活経験を基に意見を出し合い、観察を通して体感した地面の温度や湿り具合の差異点や共通点を基に、問題を見いだす。	思①
	7・8	**観察4・5** 日なたと日かげの地面の温度差の体感的な違いから、温度計を使えば違いが明らかになることに着目し、観察を通して確かめる。	知②・態②

第①時

影のでき方について、問題を見いだす

（本時のねらい）
・影遊びの活動を通して、影の位置や向きに着目し、影のでき方について問題を見いだすことができる。

（本時の評価）
・影遊びの活動経験を基に、影のでき方について問題を見いだし、ノートに表現している。（思①）

（準備するもの）
・掲示用のイラスト 💿07-02
・回答用の影のイラスト 💿07-03〜05
・場所の範囲を決めるためのカラーコーン等

どんな形？

①
かげについて知っていること
・かがみみたいに同じ形になる。
・晴れの日にできる。
・光があるとできる。
・同じ動きをする。
・長さがかわる。

（授業の流れ）▷▷▷

1 影について知っていることを話し合う 〈5分〉

「どんな形の影ができるでしょう」
・イラストをきっかけに、影の形について話し合う。
・「楕円形の影」「同じ形」「左右逆の形」の影のイラストを用意しておき、選べるようにする。
「影について、形の他にどんなことを知っていますか」
・実際に影の形を確かめることを確認する。

2 校庭に出て、影遊びをする 〈20分〉

・影を使った遊びの例として「影踏み」のやり方を聞く。
・外に出て、影の形を確認する。
・影踏みをする
・大きな日陰のある場所を含めて範囲を決め、線で囲んでおく。
・9時〜10時ごろに実施し、写真の記録をしておくと、3時目の導入で活用できる。

かげの形をかんさつしよう

3

・かげはみんな同じ向きにできる。
・太陽がかくれるとかげが消える。
・かげの中にかげはできない。
・おにの方にかげが向かないようにするには
　どうすればいいかな。

問題

かげのでき方には、
きまりがあるのだろうか。

4 予想

・太陽のいちとぎゃくにできる。
　（○人）
・いつも北の方にできる。
　（○人）

向き　じょうけん

かげのでき方

---

3 気付いたことや疑問に思ったことを発表し、個人の問題を見いだす〈10分〉

「影を見ていて、気付いたことや疑問に思ったことをノートに書きましょう」
・ペアやグループで交流し、個人の問題を見いだす。
・影ができる条件や影の向きなど、観察の視点となる言葉を、「かげのでき方」と結び付けながら整理する。

4 個人の問題を基に学級の問題を設定し、予想を立てる　〈10分〉

・**3**で見いだした問題を基に、学級全体の問題を設定する。
・一人一人が予想を立て、各自のノートに記入し、結果への見通しをもつ。
・学級での予想を共有する。

第②時

観察を通して、影のでき方について調べる

本時のねらい
・観察したことを基に、影のでき方についてのきまりを理解することができる。

本時の評価
・安全に気を付けながら、器具を正しく使って観察を行い、日光を遮ると、太陽の反対側に影ができることを理解している。知①
・影のでき方について友達と関わりながら進んで調べようとしている。態①

準備するもの
・遮光板（班数分）
・方位磁針（班数分）

問題 | かげのでき方には、きまりがあ

予想

・太陽の位置と逆にできる。
・太陽が出ると北の方にできる。 ○人

〈かんさつのしかた〉
①自分でかげをつくったり、かげができているところを見つけたりする。
②かげの向きと、太陽のいちを指さして確認する。

じゅんび …・方位じしん ・しゃ光板

※目をいためてしまうので、太陽をかんさつするときは、必ずしゃ光板を使う。

授業の流れ ▷▷▷

1 前時を振り返り、問題と予想、観察の仕方を確認する 〈5分〉

・前時を振り返り、問題と予想を確かめる。
・観察の仕方について見通しをもつ。
＊太陽を見るときは、目をいためないように遮光板を使うことを必ず確認する。

2 校庭に出て、影のでき方を観察する 〈20分〉

・方位磁針の使い方について確認する。
・自分の影の位置と太陽の位置を確認する。
・場所を変えて調べたり、建物や木など、別の物の影について調べたりする。
・観察して分かったことや、疑問に思ったことをノートに記録する。

るのだろうか。

けっか

・どの人のかげも、北西を向いていた。
・木や校舎のかげも、北西を向いていた。
・太陽は、南東にあった。
・場所を変えても、かげは北西の向きの
　ままだった。
・かげと太陽を指さすと、うでがまっす
　ぐ反対にのびる。

けつろん

4　かげのでき方には、きまりがある。
　　　日光をさえぎると、必ず太陽の反対の向きに
　　　かげができる。

3　わかったこと

　　・太陽とかげのいちはちょうど反対になる。
　　・どの場所でやっても、かげは同じ方（北西）を向いている。
　　・木やたて物のかげも、自分のかげと同じ向きにできる。

じょうけん

・太陽が出ている
・太陽の光（日光）をさえぎる

向き

・太陽の反対の向き

3　教室に戻り、観察から分かった
　　　ことを共有し、整理する　〈15分〉

・ノートの記入内容を基に、観察して分かった
　ことを話し合い、学級内で考えを共有する。
・影ができる条件や影の向きなど、前時で取り
　上げた内容を基に整理していく。
「かげと太陽を観察して、どんなことが分かり
ましたか」

4　影のでき方のきまりについて、
　　　考えをまとめる　　　　　〈5分〉

・③で整理した内容をもとに、問題に対する結
　論をまとめる。
「『影のでき方には、きまりがあるのだろうか』
に対する答えは、どう表せますか」
・板書から、どんな言葉を入れてまとめればよ
　いか確認し、自分なりの表現でまとめる。

第③時

1日の中での影と太陽の位置の変化に問題を見いだす

（本時のねらい）
・時間によって影の向きが異なることから、1日の中での影と太陽の位置の変化に問題を見いだし、問題解決への見通しをもつことができる。

（本時の評価）
・1日の中での影と太陽の位置の変化に問題を見いだし、ノートに表現している。思①

（準備するもの）
・午前と午後の写真（掲示用）

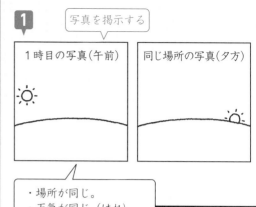

1 写真を掲示する

1時目の写真（午前）　　同じ場所の写真（夕方）

・場所が同じ。
・天気が同じ（はれ）。
・写真でかげの向きがちがう。
・太陽のいちがちがう。
・影の長さがちがう。
・明るさがちがう。

太陽のいちがかわると、かげの向きもかわる。

（授業の流れ）▷▷▷

1 2枚の写真を比較し、差異点や共通点から疑問を出し合う　〈5分〉

・影遊びをしている時の写真（午前）と、夕方の写真を比較する。
・差異点と共通点について、気付いたことを発表する。
「『同じところとちがうところ』という見方で考えると、どんなことに気付きますか」
・差異点と共通点に着目することで、影の向きや太陽の位置の変化に気付くようにする。

2 疑問を基に個人の問題を見いだし、学級の問題を設定する〈10分〉

・差異点と共通点を基に、問題を見いだしてノートに書く。
「疑問に思うことや、調べたいと思ったことをノートに書きましょう」
・学級で調べていく問題について話し合う。
・太陽の位置と影の向きを関係付けて考えている子供の見方を価値付けながら、問題を焦点化していく。

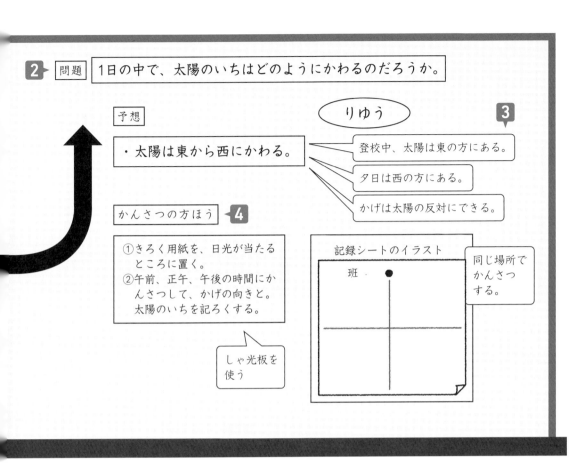

2 問題 1日の中で、太陽のいちはどのようにかわるのだろうか。

予想

りゆう **3**

・太陽は東から西にかわる。

登校中、太陽は東の方にある。

夕日は西の方にある。

かげは太陽の反対にできる。

かんさつの方ほう **4**

①きろく用紙を、日光が当たるところに置く。
②午前、正午、午後の時間にかんさつして、かげの向きと。太陽のいちを記ろくする。

しゃ光板を使う

記録シートのイラスト

班 ・

同じ場所でかんさつする。

3 問題への予想を立てる　〈15分〉

・これまでの経験や知識を基に、問題についての予想を立てる。
・予想の根拠を問い返し、明らかになるようにする。
・予想を発表する。

4 観察の方法について、見通しをもつ　〈15分〉

・記録シートを用いた観察の方法について、説明を聞く。
・観察する上で気を付けなければならないことについて話し合う。
＊観察する場所や向き、安全上の注意点について確認する。

第④ / ⑤時

1日の中での影の向きと太陽の位置の変化を調べる

（本時のねらい）
・時間を変えて影の向きと太陽の位置を観察し、1日の中での変化を捉えることができる。

（本時の評価）
・方位磁針や記録シートを正しく使い、太陽の位置と影の向きを分かりやすく記録している。知③
・太陽の位置と影の向きの観察結果を関係付けながら、1日の中での変化を考えている。思②

（準備するもの）
・記録シート（児童数分） 💿 07-06
・遮光板（班数分）
・方位磁針（班数分）

| 問題 | 1日の中で、太陽のいちはどの |

3 けっか

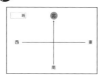

各班の記録シートを掲示する

（授業の流れ）▷▷▷

1 午前の影の向きと太陽の位置を観察し、記録する 〈30分〉

・前時を振り返り、観察の仕方を確認する。
・午前中の影の向きと太陽の位置について観察し、記録する。
・2時間ほど間をおいて観察すると、影の向きや太陽の位置の変化が捉えやすい。

2 結果や気付いたことをノートに記録する 〈15分〉

・記録シートに示した結果をノートに記録する。
「この後、太陽はどのように動くと思いますか」
・結果をふまえて、この後の太陽の位置の変化について、予想を再考し、ノートに書く。
・昼休みを利用して正午の観察を行う。

ようにかわるのだろうか。

観察の中で確認できた事実に基づいて分かったことを整理する

4 わかったこと

3班

・午前は、かげは西の方にできるので、太陽は東の方にある。
・正午は、かげは北の方にできるので、太陽が南の方にある。
・午後は、かげは東のほうにできるので、太陽が西の方にある。
・お昼近くになると、かげが短くなる。
・かんさつする場所がちがっても、かげの向きは同じ。

6班

けつろん

１日の中で、太陽のいちは東の方から、南を通り、西の方へ動く。

3 午後の影の向きと太陽の位置を観察する　〈30分〉

・午後の影の向きと太陽の位置について観察し、記録する。
・各班の記録シートを黒板に掲示し、観察の結果を整理する。

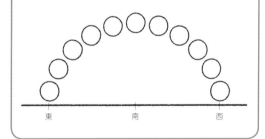

4 観察の結果を基に、１日の太陽の位置の変化についてまとめる〈15分〉

東　　　南　　　西

・結果から分かったことをノートに書く。
・分かったことについて話し合う。
「１日の中で、太陽の位置はどのように変わっていると言えますか」
・まとめの文を考え、ノートに書く。
・影の長さと太陽の位置の関係については、発展的な考えとして取り上げる。

第 ⑥ 時

日なたと日陰の地面の様子に問題を見いだす

（本時のねらい）
・日なたと日陰の地面を手で触れた違いから、太陽と地面の様子の関係について問題を見いだすことができる。

（本時の評価）
・太陽と地面の様子の関係について問題を見いだし、ノートに表現している。思①

（準備するもの）
・日なたと日陰の写真（掲示用）

・木のかげがすずしいから休んでいる。
・日なたはあつい。

日なた
・プールサイドや砂浜はあつかった。
・日なたの車はすごくあつい。

日かげ
・公園の木かげにあるベンチはつめたい。

（授業の流れ）▷▷▷

1 日なたと日陰の差異点に着目し、差異点や共通点から、疑問を出し合う〈3分〉

・写真を見て気付いたことを話し合う。
・日なたと日陰の差異点に着目する。
・動物が日陰にいる理由について話し合うことで、日なたと日陰の違いに着目できるようにする。

2 疑問を基に個人の問題を見いだし、学級の問題を設定する〈10分〉

「日なたで熱かったり、日陰で冷たかったりした経験はありますか」
・日なたと日陰の地面の様子の違いについて、もっている知識や生活経験を基に話し合う。
「疑問に思うことや、調べてみたいと思うことはありますか。ノートに書きましょう」
・差異点と共通点を基に問題を見いだし、ノートに書く。

問題 | 日なたと日かげの地面には、どんなちがいがあるのだろうか。

3 かんさつしてたしかめよう！ ← ・「温度」「さわった感じ」「色」を
くらべる。
・いろいろな場所でしらべる。

けっか

〈日なた〉
・あつかった。
・地面があたたかかった。
・さらさらしてかわいていた。
・白っぽい色をしていた。

〈日かげ〉
・すずしかった。
・地面がひんやりしていた。
・しめっている感じがした。
・黒っぽい色をしていた。

けつろん

日なたはあたたかく
かんそうしている。
日かげは冷たく、
しめっている。

・日光があたためているのかな。
・日光であたためられてかんそうしたのでは
ないかな。
・温度はどのくらいちがうのかな。

4

問題

日光が地面をあたためて
いるのだろうか。

---

3 日なたと日陰の地面に触れ、
違いを体感する 〈17分〉

・日なたと日陰の違いについての問題につい
て、ノートの内容を発表する。
「日なたと日陰の地面を触って比べましょう。
どんなことに気を付けながら観察しますか」
・観察する際の観点を確認する。
・外に出て観察紙、記録する。
・日なたの地面を触った感じから、地面の湿り
具合にも着目できるようにする。

4 日光と地面の温度の関係について、個人で問
題を見いだし、学級の問題を設定する 〈15分〉

・結果を発表し、整理する。
「結果からわかったことや、疑問に思ったこと
をノートに書きましょう」
・違いの理由や疑問を基に、日光と地面の温度
の関係に問題を見いだし、学級の問題として
共有する。
「日光が地面を暖めているか、次の時間から調
べていきましょう」

第⑦／⑧時

日光と地面の温度との関係を調べる

・地面の温度の違いを基に、太陽と地面の温度との関係について理解することができる。

(本時の評価)
・温度計を正しく使って、日なたと日陰の地面の温度を測定し、記録すると共に、日光が地面を暖めることで温度に違いが現れることを理解している。知②
・太陽と地面の様子との関係について、これまでに学んだことを生活と結び付けて考えたり、新たな問題を見いだそうとしたりしている。態②

(準備するもの)
・記録シート（人数分）●07-07
・遮光板（班数分）
・方位磁針（班数分）
・観察方法の写真かイラスト

| 問題 | 日光が地面をあたためているのだろうか。 |

予想
・日光が当たることであたたまる。（○人）
・あつい空気であたたまる。（○人）

かんさつの方ほう

①地面の土をあさくほり、温度計のえきだめをあなに入れて、軽く土をかける。
②おおいをする。
③温度計のえきが止まったらめもりを読む。

温度計では土をほらない！

ただおいただけだと、空気の温度と地面の温度がまざる。

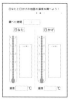

温度計に直せつ日光を当てない。

(授業の流れ) ▷▷▷▷

1 問題への予想を立て、観察の仕方について理解する 〈15分〉

・前時を振り返り、問題への予想を立てる。
・「熱い空気で暖められる」というような考えも認め、多面的に考えられるようにする。
・観察の仕方と温度計の使い方を確認する。
・観察で気を付けるところを話し合う。
＊安全上配慮する点や、液溜めを埋めたり、おおいをしたりする理由を確認する。

2 午前中の日なたと日陰の温度を調べる 〈30分〉

・外に出て、日なたと日陰の地面の温度を観察し、記録する。
・正午になっても日なたと日陰の条件が変わらない場所で観察できるようにする。
・感じたことや疑問に思ったことをノートに書く。
「調べてみて、気付いたことや疑問に思ったことを確認しましょう」

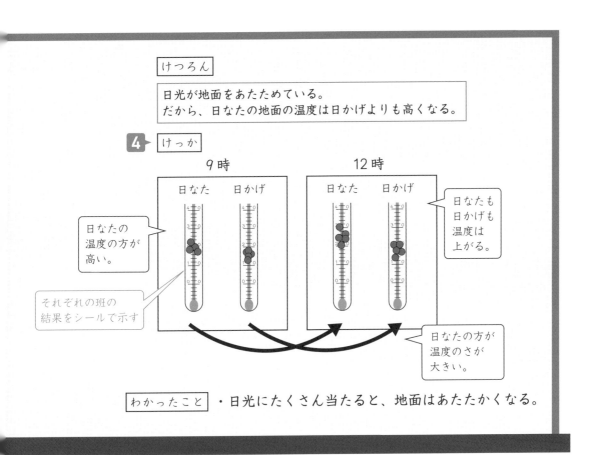

けつろん

日光が地面をあたためている。
だから、日なたの地面の温度は日かげよりも高くなる。

4 けっか

9時

日なた　日かげ

日なたの
温度の方が
高い。

それぞれの班の
結果をシールで示す

12時

日なた　日かげ

日なたも
日かげも
温度は
上がる。

日なたの方が
温度のさが
大きい。

わかったこと　・日光にたくさん当たると、地面はあたたかくなる。

3 正午の影の向きと太陽の位置を
観察し、結果を整理する〈25分〉

・正午ごろの日なたと日陰の地面の温度を観察
し、記録する。
・午前中の観察結果と合わせて整理する。
・各班の結果をシールで示すことで、学級全体
での結果を視覚的に捉えやすくする。
・結果から分かったことをノートに書く。
・「日なたと日陰」「日光が当たっていた時間」
を視点に考えることができるよう助言する。

4 太陽と地面の温度の
関係についてまとめる　〈20分〉

・分かったことについて話し合う。
「分かったことから、1日の中で、太陽の位置
はどのように変わっていると言えますか」
・1で「熱い空気で暖められる」と考えていた
子供には、日なたと日陰での気温も測るよう
に指示しておき、大きな差がないことから結
論につなげられるようにする。
・まとめの文を考え、ノートに書く。

編著者・執筆者紹介

[編著者] ＊所属・肩書きは令和2年2月現在。

鳴川　哲也（なるかわ・てつや）　　文部科学省初等中等教育局教育課程課 教科調査官
　　　　　　　　　　　　　　　　　国立教育政策研究所教育課程研究センター研究開発部
　　　　　　　　　　　　　　　　　教育課程調査官・学力調査官

1969年福島県生まれ。福島県の公立小学校教諭、福島大学附属小学校教諭、福島県教育センター指導主事、公立学校教頭、福島県教育庁義務教育課指導主事を経て、平成28年度より現職。
著書に『アクティブ・ラーニングを位置付けた小学校理科の授業プラン』（編著、明治図書出版、2017）、『小学校理科指導スキル大全』（編著、明治図書出版、2019）、『イラスト図解ですっきりわかる理科』（共著、東洋館出版社、2019）がある。

寺本　貴啓（てらもと・たかひろ）　　國學院大學人間開発学部 准教授　博士（教育学）

1976年兵庫県生まれ。静岡県の小・中学校教諭を経て、広島大学大学院に学んだ後、大学教員になる。専門は、理科教育学・学習科学・教育心理学。
主な著書に『"ダメ事例"から授業が変わる！小学校のアクティブ・ラーニング入門ー資質・能力が育つ"主体的・対話的な深い学び"ー』（編著、文溪堂、2016）、『六つの要素で読み解く！小学校アクティブ・ラーニングの授業のすべて』（編著、東洋館出版社、2016）『イラスト図解ですっきりわかる理科』（共著、東洋館出版社、2019）などがある。

[執筆者] ＊執筆順。所属は令和2年2月現在。

鳴川　哲也	（前出）	●まえがき ●資質・能力の育成を目指した理科の授業づくり
寺本　貴啓	（前出）	●第3学年における授業のポイント ●第3学年における板書のポイント
北村　聖子	香川県丸亀市立城西小学校教諭	● 1　物と重さ
倉富　麻衣子	福岡県北九州市立藤松小学校教諭	● 2　風とゴムの力の働き
加藤　怜	福島大学附属小学校教諭	● 3　光と音の性質
濵本　めぐみ	福岡県那珂川市立片縄小学校教諭	● 4　磁石の性質
永田　裕二	福岡教育大学附属福岡小学校教諭	● 5　電気の通り道
今邑　宏樹	京都市青少年科学センター主任主事	● 6　身の回りの生物
辻　礼史	京都市青少年科学センター主任主事	● 6　身の回りの生物
佐々木雄一郎	福島県白河市立白河第三小学校教諭	● 7　太陽と地面の様子

『板書で見る全単元・全時間の授業のすべて　理科　小学校 3 年』付録 DVD について

・各フォルダーには、以下のファイルが収録されています。
　① 板書の書き方の基礎が分かる動画（出演：成家雅史先生）
　② 授業で使える短冊類（PDF ファイル）
　③ 学習指導案のフォーマット（Word ファイル）
　④ 詳細の指導計画
　⑤ 児童用のワークシート（PDF ファイル）
　⑥ 黒板掲示用の資料
　⑦ イラスト
・DVD に収録されているファイルは、本文中では DVD のアイコンで示しています。
・これらのファイルは、必ず授業で使わなければならないものではありません。あくまで見本として、授業づくりの一助としてご使用ください。
※イラスト素材のファイル番号は便宜的に振ってあるため、欠番がある場合があります。ご了承ください。

【使用上の注意点】
・この DVD はパソコン専用です。破損のおそれがあるため、DVD プレイヤーでは使用しないでください。
・ディスクを持つときは、再生盤面に触れないようにし、傷や汚れ等を付けないようにしてください。
・使用後は、直射日光が当たる場所等、高温・多湿になる場所を避けて保管してください。
・PDF ファイルを開くためには、Adobe Acrobat もしくは Adobe Reader がパソコンにインストールされている必要があります。
・PDF ファイルを拡大して使用すると、文字やイラスト等が不鮮明になったり、線にゆがみやギザギザが出たりする場合があります。あらかじめご了承ください。

【動作環境　Windows】
・〔CPU〕Intel® Celeron® プロセッサ360J1. 40GHz 以上推奨
・〔空メモリ〕256MB 以上（512MB 以上推奨）
・〔ディスプレイ〕解像度640×480、256色以上の表示が可能なこと
・〔OS〕Microsoft Windows10以降
・〔ドライブ〕DVD ドライブ

【動作環境　Macintosh】
・〔CPU〕Power PC G4 1.33GHz 以上推奨
・〔空メモリ〕256MB 以上（512MB 以上推奨）
・〔ディスプレイ〕解像度640×480、256色以上の表示が可能なこと
・〔OS〕Mac OS 10.12（Sierra）以降
・〔ドライブ〕DVD コンボ

【著作権について】
・DVD に収録されているファイルは、著作権法によって守られています。
・著作権法での例外規定を除き、無断で複製することは法律で禁じられています。
・DVD に収録されているファイルは、営利目的であるか否かにかかわらず、第三者への譲渡、貸与、販売、頒布、インターネット上での公開等を禁じます。
・ただし、購入者が学校での授業において、必要枚数を児童に配付する場合は、この限りではありません。ご使用の際、クレジットの表示や個別の使用許諾申請、使用料のお支払い等の必要はありません。

【免責事項】
・この DVD の使用によって生じた損害、障害、被害、その他いかなる事態についても弊社は一切の責任を負いかねます。

【お問い合わせについて】
・この DVD に関するお問い合わせは、次のメールアドレスでのみ受け付けます。　tyk@toyokan.co.jp
・この DVD の破損や紛失に関わるサポートは行っておりません。
・パソコンやアプリケーションソフトの操作方法については、各製造元にお問い合わせください。

板書で見る全単元・全時間の授業のすべて
理科 小学校 3 年
～令和 2 年度全面実施学習指導要領対応～

2020(令和 2)年 4 月 1 日　初版第 1 刷発行
2023(令和 5)年 6 月 26 日　初版第 3 刷発行

編 著 者：鳴川哲也・寺本貴啓
発 行 者：錦織圭之介
発 行 所：株式会社東洋館出版社
　　　　　〒101-0054　東京都千代田区神田錦町 2 丁目 9 番 1 号
　　　　　　　　　　　コンフォール安田ビル 2 階
　　　　　代　　表　電話 03-6778-4343　FAX 03-5281-8091
　　　　　営 業 部　電話 03-6778-7278　FAX 03-5281-8092
　　　　　振　　替　00180-7-96823
　　　　　U　R　L　https://www.toyokan.co.jp

印刷・製本：藤原印刷株式会社
編集協力：株式会社ダブルウイング

装丁デザイン：小口翔平＋岩永香穂（tobufune）
本文デザイン：藤原印刷株式会社
イラスト：池田　馨（株式会社イオック）
DVD 制作：秋山広光（ビジュアルツールコンサルティング）
　　　　　　株式会社オセロ

ISBN978-4-491-03995-4　　　　　　　　　　Printed in Japan